inzw...
und Schw...
ist ihr ständiger Begleiter, ihr oft befragter Ratgeber geworden. Wie Tausende von Zuschriften, die Autor und Verlag erhalten haben, beweisen, hat der KALORIEN-JOULE-KOMPASS darüber hinaus sehr vielen Menschen geholfen, ihre überflüssigen Pfunde loszuwerden. Mit Hilfe von Anregungen und Fragen nach bisher fehlenden Produkten oder Produktbezeichnungen und aufgrund von neuen Untersuchungen und kalorischen Berechnungen habe ich die vorliegende Neuausgabe verbessert und von 2000 auf über 3500 Kalorien-Joule-Werte erweitert. Damit ist KLEVERS KALORIEN-JOULE-KOMPASS jetzt die umfangreichste Kalorien-Joule-Tabelle auf dem Markt. Bei den neu hinzugekommenen Kalorien-Joule-Angaben wurden auch die Bezeichnungen für Lebensmittel und Speisen aufgenommen, die in Österreich und der Schweiz gebräuchlich sind oder sich in den deutschen Landschaften unterscheiden. Die Kalorien-Joule-Angaben für die einzelnen Lebensmittel schwanken in den wissenschaftlichen Quellen zum Teil stark. Diese Schwankungen kommen durch Herkunft, Sorte und Art der Produkte zustande: Bei Ernten können Jahr und Gegend eine Rolle spielen, bei Tieren hängt es von Fütterung, Schlachtgewicht und vielen anderen Komponenten ab, wie ich mich in der Bundesanstalt für Fleischforschung überzeugen konnte. Da die Angabe der Schwankungsbreite dem Benutzer des KALORIEN-JOULE-KOMPASS nichts nutzt, sondern ihn verwirren muß, haben wir ein Mittel errechnet; dieser mittlere Wert wurde in die Tabelle aufgenommen. Bei Fertigprodukten geben wir die Angaben der Hersteller an, die diese zum Teil auf den Packungen aufführen, bei »neuen« Früchten und sonstigen ausländischen Produkten stammen die Werte zum Teil von den jeweiligen landwirtschaftlichen Forschungsinstitu-

ten, zum Teil aus ausländischen Publikationen oder von den Herstellern.
Für jetzt noch fehlende Produkte sind zur Zeit keine Kalorien-Joule-Werte zu beschaffen. Sind es Süßwaren, richtet man sich nach den Kalorien-Joule-Werten von Zucker bei Bonbons, von Schokolade plus Nüsse oder Marzipan bei Konfekt. Reformhaus-Produkte sind entweder namentlich angeführt oder haben die gleichen Kalorien-Joule-Zahlen wie die entsprechenden Normalprodukte: Der Grad der Naturbelassenheit eines Lebensmittels verändert seine Kalorienzahl nicht.
Nach wie vor steht die Kalorienzahl an erster Stelle, an zweiter die neue Bezeichnung Joule, das ist die neue Maßeinheit, die durch eine internationale Reform für Maße eingeführt wurde. Auch wenn die Bezeichnung Joule inzwischen amtlich geworden ist, wird im täglichen Leben noch immer nach Kalorien gerechnet, und das wird auch noch lange so bleiben. Es ist deshalb für jeden Kalorienwert der Joulewert (Kalorie mal 4,186) angegeben, so daß auch mit Joule gerechnet werden kann. Wenn wir, wie im Sprachgebrauch üblich, von Kalorien und Joule sprechen, sind selbstverständlich die Maßeinheiten Kilokalorie (kcal) und Kilojoule (kJ) gemeint.
Führen Sie KLEVERS KALORIEN-JOULE-KOMPASS immer mit sich: er paßt in jede Tasche und gibt Ihnen überall sofort Auskunft. Schlagen Sie aber nicht nur die Zahlen nach, sondern lesen Sie auch die Einführungstexte, die eine komplette kleine Ernährungslehre sind, mit deren Hilfe Sie auch schlanker werden können. Die beigelegte KONTROLL-KARTE wird Sie bei diesem Vorhaben auf praktische Weise unterstützen. Die ausführliche Gebrauchsanweisung auf Seite 15 hilft Ihnen, diesen KALORIEN-JOULE-KOMPASS aufs Beste zu nutzen.

Gut Weisham, im Frühjahr 1983 *Ulrich Klever*

Wieviel Kalorien (Joule) »dürfen« Sie?

Jeder von uns, wenn er kein Schwerarbeiter ist, muß mit der Ernährung aufpassen, oder er hat Gewichtsprobleme. Wir arbeiten kaum noch körperlich, wir gehen wenig zu Fuß, wir steigen kaum noch Treppen, wir frieren nicht mehr, uns wird eine Fülle hochwertiger Lebensmittel angeboten. Wer also Spaß am Essen haben will, ohne dabei dick und dicker zu werden, muß sich auskennen. Dabei hilft ihm dieser KALORIEN-JOULE-KOMPASS.

Auf die Frage: Wie bleibt man sicher schlank? gibt es nur eine Antwort: Indem man nicht mehr ißt, als der Körper verbraucht. Und auf die Zusatzfrage: Wie bleibt man dabei auch gesund? heißt die Antwort: Indem man das Richtige ißt!

Wieviel dürfen Sie verbrauchen und wie ist richtiges Essen zusammengesetzt?

Wenn wir essen und trinken, führen wir dem Körper Energie zu. Diese Energie wird in Kalorien oder Joule gemessen. So wie man Entfernungen in Metern und Gewicht in Kilogramm mißt. Im KALORIEN-JOULE-KOMPASS sind die Kalorien rot, die Joule schwarz gedruckt.

Die Nahrungsmittel bestehen aus drei Grund-Nährstoffen: Eiweiß, Fett und Kohlenhydraten. 1 Gramm Eiweiß hat den Energiewert von 4,1 Kalorien (17 Joule), 1 Gramm Fett den Energiewert von 9,3 Kalorien (39 Joule), 1 Gramm Kohlenhydrate den Energiewert von 4,1 Kalorien (17 Joule). Dazu kommt noch der Alkohol, den wir pro Gramm mit 7 Kalorien (29 Joule) berechnen müssen.

1 g Eiweiß 4,1 kcal
1 g Kohlehydrate 4,1 kcal
1 g Fett 9,3 kcal
1 g Alkohol 7,0 kcal

Wie Sie Ihren Energiebedarf errechnen

Unser Körper, als Verbrennungsmaschine für Nahrungsmittel betrachtet, brennt mit einer Dauertemperatur von etwa 37 Grad. Die Energie, die er dazu benötigt, beträgt bei normaler Zimmertemperatur, bei normaler Größe und Durchschnittsalter etwa 1600 Kalorien oder 6700 Joule. Diese Mindestenergie, die den Körper in ruhender Lage am Leben hält, heißt *Grundumsatz.*
Auf ihn müssen wir allen *weiteren Energiebedarf* aufstocken. Für einen sich normal bewegenden Normalmenschen sind das noch einmal 1000 Kalorien oder rund 4200 Joule pro Tag, so daß wir als Über-den-Daumen-Verbrauch 2600 Kalorien oder 10 900 Joule annehmen können.
Wollen Sie sich nun Ihren ganz persönlichen Grundumsatz ausrechnen? Nehmen Sie Ihr Gewicht (in Kilogramm) mal 25. Das heißt: ein Mensch von 70 Kilo hat einen Grundumsatz von 1750 Kalorien (7325 Joule).
Ein Mensch von 100 Kilo dagegen einen von 2500 Kalorien (10 465 Joule). Dicke haben einen höheren Grundumsatz als Schlanke. Das läßt alle die, die abnehmen wollen, hoffen.
Der weitere Energiebedarf hängt nun davon ab, was man in 24 Stunden tut. Wie man das im einzelnen berechnet und welche Tätigkeiten wieviel Kalorien (Joule) fressen, finden Sie auf den folgenden Seiten.

Hier einige allgemeine Werte für den täglichen Gesamtenergiebedarf (einschließlich Grundumsatz).

Männer mit körperlich leichter Arbeit, 25 Jahre
Buchhalter, Studienräte, Schalterbeamte
- 1,60 m – 2450 Kalorien (10 260 Joule)
- 1,70 m – 2600 Kalorien (10 900 Joule)
- 1,80 m – 2800 Kalorien (11 750 Joule)

für jeweils 15 Jahre älter ziehen wir 200 Kalorien (840 Joule) ab.

Frauen mit körperlich leichter Arbeit, 25 Jahre
- – 1,50 m – 1800 Kalorien (7540 Joule)
- – 1,60 m – 2100 Kalorien (8800 Joule)
- – 1,70 m – 2400 Kalorien (10 000 Joule)

Für jeweils 15 Jahre älter ziehen wir 100 Kalorien (420 Joule) ab.

Für mittelschwer Arbeitende zählen wir bei den Männern pro Arbeitsstunde 75 bis 150 Kalorien (315 bis 630 Joule) dazu, bei den Frauen 60 bis 120 (250 bis 500 Joule). Mittelschwer Arbeitende sind: Briefträger, Ärzte mit viel Bewegung, Schlosser, Schreiner, Hausangestellte oder Hausfrauen mit Kindern und ohne arbeitsparende Geräte, Laboranten, Setzer, Metzger, Anstreicher.

Für Schwerarbeiter zählen wir pro Arbeitsstunde dazu: Männer 150 bis 220 Kalorien (630 bis 920 Joule), Frauen 120 Kalorien (500 Joule) und mehr. Schwerarbeiter sind: Metallarbeiter, Bildhauer, Winzer, Wegbauarbeiter, Holzhacker, Landwirte ohne viele Maschinen, Waschfrauen (Handarbeit), Sportler.

Soldaten brauchen in der Garnison etwa 3200 Kalorien (13 400 Joule), im Manöver etwa 3500 Kalorien (14 650 Joule).

Schwangere ab 6. Monat etwa 2800 Kalorien (11 750 Joule).

Säuglinge brauchen bis zu 12 Monaten 100 bis 120 Kalorien (420–500 Joule) pro Kilo Körpergewicht, wobei sich die Menge langsam reduziert.

Kleinstkinder von 1 bis 3 Jahren 80 Kalorien (335 Joule) pro Kilo Körpergewicht.

Kleinkinder von 4 bis 6 Jahren 75 Kalorien (315 Joule) pro Kilo Körpergewicht.

Schulkinder von 7 bis 9 Jahren 65 Kalorien (270 Joule) pro Kilo Körpergewicht.

Schulkinder von 10 bis 14 Jahren: Jungen 1860 bis 2800 Kalorien (7790 bis 11 750 Joule), Mädchen 1800 bis 2400 Kalorien (7540 bis 10 000 Joule).

Jugendliche von 15 bis 18 Jahren: Man kann kaum starre Angaben machen, da die Kalorien-Joule-Zufuhr stark vom Körperbau und der Entwicklung des Einzelnen abhängig ist. In diesen Wachstumsjahren kann der tägliche Kalorienbedarf eines Jungen von 2000 bis 5000 schwanken, das Mittelmaß liegt bei 3400. Bei Mädchen liegt der Bedarf bei täglich 1800 bis 4400, das Mittel bei 2500 Kalorien, in Joule mal 4,186.

Energieverbrauch bei verschiedenen Tätigkeiten

Damit Sie auch beim Überwiegen bestimmter Tätigkeiten die Berechnung Ihres Energiebedarfs genau vornehmen können (nach der Methode auf Seite 6), gebe ich hier noch eine detaillierte Aufstellung, der Sie entnehmen können, welche Tätigkeiten wie viele Kalorien oder Joule »fressen«. Kurze Vorbemerkung: *Je intensiver und schneller wir eine Tätigkeit ausüben, desto mehr Energie und damit Kalorien (Joule) verbraucht sie, das kann bis zum Fünffachen gehen.*

Kalorien-Joule-Verbrauch pro 30 Minuten gerechnet (der Grundumsatz wurde abgezogen):

Schlafen	0	0
Bequem liegen	10	42
Bequem sitzen	13	54
Bequem stehen	22	92
Stricken	28	117
Auto fahren, Landstraße	30	126
Sitzend mit der Hand schreiben	31	130
Schreibmaschine schreiben, elektrisch	36	150
Klavier spielen	40	167
Schreibmaschine schreiben, mechanisch	44	184
Zu Fuß gehen, 2 km/h	51	213
Kleine Wäsche waschen im Becken	57	239
Schuhe putzen	63	264
Rühren	69	289
Paddeln, 73 m/min	69	289
Mit Kindern spielen	70	293
Morgengymnastik, leicht	70	293
Teig kneten mit Hand	72	301
Beischlafen normal	75	315
Geschirr spülen mit Hand	76	318
Radfahren ohne Gegenwind, 10 km/h	84	352
Kartoffeln schälen	84	352
Mauern	85	356
Wände streichen	88	368
Staubsaugen	88	368
Mit Hunden spielen	90	377
Kaffee mahlen mit Hand	90	377
Einkaufen mit 7-Kilo-Tasche	90	377
Bügeln mit Bügeleisen	91	381
Betten machen	91	381
Staub wischen	93	389
Teppich klopfen	94	393
Zu Fuß gehen, 5 km/h	94	393
Auto fahren, Stadt, Hauptverkehrszeit	96	402
Bowling spielen	97	406
Fenster putzen	99	414
Beischlafen heftig	100	418
Möbel polieren	102	427
Golf spielen	104	435
Gehen mit 10 Kilo Last, 4 km/h	108	452
Steine tragen	108	452
Holz hacken	112	469
Schubkarren mit 100 Kilo schieben	115	481
Bohnern mit Bohnerbesen	118	494
Kniend scheuern	120	502
Bogenschießen	121	506
Unkraut jäten	133	557
Große Wäsche waschen mit Hand	144	603
Wäsche aufhängen	150	628
Gymnastik treiben	150	628
Rückenschwimmen, 23 m/min	150	628
Holz stapeln	154	645
Nadelholz sägen	154	645
Tanzen, Foxtrott	156	653
Tischtennis spielen	165	691
Tanzen, Wiener Walzer	171	716

Laubholz sägen	185	774
Paddeln, 126 m/min	204	854
Tanzen, Rumba	210	879
Gräben graben	220	921
Tennis, Einzel	225	942
Fußballspielen	232	971
Radfahren ohne Gegenwind, 20 km/h	234	976
Ski-Langlauf, 4 km/h	240	1005
Geräteturnen	245	1025
Treppen steigen, 60 Stufen/min	249	1042
Schnee schaufeln	250	1046
Baum fällen	254	1063
Galoppierend reiten	265	1109
Tanzen, Rock'n Roll	300	1256
Dauerlauf, 9 km/h	300	1256
Ski-Langlauf, 6 km/h	330	1381
Rücken-schwimmen, 37 m/min	330	1381
Dauerlauf, 12 km/h	332	1390
Brust-schwimmen, 50 m/min	340	1423
Ski-Alpin	350	1465
Dauerlauf, 15 km/h	386	1616
Ski-Langlauf, 8 km/h	390	1632
Ski-Langlauf, 10 km/h	450	1884

Rote Zahlen = Kalorienwerte
Schwarze Zahlen = Joulewerte

Wie man richtig ißt

Bei der richtigen Ernährung kommt es darauf an, daß die Kalorien (Joule) stimmen, daß man nicht zuviel zu sich nimmt und daß die Nährstoffe Eiweiß, Fett und Kohlehydrate in einem richtigen Verhältnis zueinander stehen. Die Deutsche Gesellschaft für Ernährung empfiehlt, 12 bis 15 Prozent der Gesamtkalorien (-joule) in Eiweiß zu sich zu nehmen, das bedeutet etwa: 1 Gramm Eiweiß pro 1 Kilo Körpergewicht, im Durchschnitt 70 Gramm Eiweiß pro Tag.
Eiweiß findet man vor allem in Hühnerbrust, Magerkäse, Schmelzkäse, Wild, Corned beef, Beefsteakhack, geräuchertem Fisch, gekochtem oder gebratenem Fisch, Fleisch, Innereien, Quark und anderen Milchprodukten, aber auch in Linsen, weißen Bohnen, Haferflocken und Nudeln.
Man soll 30 bis 35 Prozent der Gesamtkalorien (-joule) in Fett zu sich nehmen, das sind etwa 85 Gramm Fett

pro Tag. (Der bundesdeutsche Durchschnitt liegt etwa bei 140 Gramm.)
Beim Fett sind es weniger die Koch- und Streichfette wie Margarine, Butter, Öl oder Schweineschmalz, die zum Dickwerden beitragen: sie kann man abschätzen und dosiert verwenden. Gefährlich sind die versteckten Fette in den Lebensmitteln. So enthalten jeweils 100 Gramm Mettwurst 51,5 Gramm Fett • Erdnüsse 46,6 Gramm Fett • Leberwurst 41,2 Gramm Fett • Milchschokolade 32,8 Gramm Fett • Bratwurst 32,5 Gramm Fett • Schlagsahne 30 Gramm Fett und • Matjesfilet 22,6 Gramm Fett.
Kohlenhydrate sollen den Rest der Kalorien (Joule) ausmachen, etwa 50 bis 60 Prozent. Das sind 300 bis 400 Gramm Kohlenhydrate. Damit sind aber nicht die 100 Gramm Zucker gemeint, die der Durchschnittsbürger täglich ißt. Diese 390 »leeren« Kohlenhydratkalorien (ohne Vitamine, ohne Mineralstoffe) machen uns dick – wie das zu viele Fett. Kohlenhydrate sollte man in Form von Gemüse, Vollkornbrot, Knäckebrot, Kartoffeln, Obst, Pilzen und Vollwertreis zu sich nehmen.
In KLEVERS KALORIEN-JOULE-KOMPASS sind eine Reihe von Lebensmitteln mit Zeichen versehen.
So bedeutet:

+ = viel Eiweiß – bevorzugt essen, wenn man abnehmen will

! = viel Fett – vorsichtig essen

○ = viel Kohlenhydrate – überlegt essen

V = viele Vitamine und/oder Mineralstoffe – bevorzugt essen

E : F : K = 1 : 2 : 4 (Kcal)

bei 70 kg: 70 g E
85 g F
360 g K

Weitere Ratschläge für das richtige Essen:

- Reichlich und eiweißreich frühstücken, wobei erstes und zweites Frühstück bis 35 Prozent der täglichen Kalorien (Joule) ausmachen können.
- Mehrere kleine Mahlzeiten sind besser als die drei klassischen großen (Frühstück, Mittagessen, Abendessen). Der Körper verarbeitet die kleinen Mahlzeiten leichter, er nimmt weniger auf Depot (= Übergewicht).
- Kleine Mahlzeiten über den Tag verteilt verhindern den Leistungsabfall und Heißhunger. Bei Heißhunger ißt man unkontrolliert.
- Das Abendessen wird nicht unmittelbar vor dem Zubettgehen eingenommen. Es soll überhaupt nicht zu ausgiebig sein.
- Andererseits darf man nicht zu konzentriert essen. Um eine gute Verdauung zu haben, braucht der Körper Ballaststoffe. Das sind nicht verdauliche und deshalb kalorien-(joule-)freie Bestandteile der Nahrung: pflanzliche Zellulose (Baugerüst der Pflanzen). Sie ist in Vollkornprodukten, in Gemüse und Obst enthalten, sie kann als Weizenkleie oder als Leinsamen zusätzlich gegessen werden (bitte Kalorien/Joule beachten). Ballaststoffe füllen dank ihres Quellvermögens Magen und Darm, sättigen nachhaltig und halten die Darmperistaltik in Schwung.
- Man sollte nur bewußt essen. Das heißt, nicht gedankenlos etwas in sich hineinstopfen (typischstes Beispiel: die Erdnüsse vor dem Bildschirm). Wer bewußt und langsam ißt, hat mehr Genuß und weiß, wann sein Körper genug hat.

Haben Sie schon Ihr Normalgewicht?

Sie wissen nun oder können sich leicht errechnen, wieviel Nahrung Sie täglich zu sich nehmen dürfen, ohne zuzunehmen. Aber haben Sie eigentlich schon Ihr Normalgewicht, das Sie halten wollen oder sollen?

Nun – was ist das Normalgewicht? Bei den Ernährungsspezialisten herrschen darüber unterschiedliche Auffassungen. Die Unterschiede sind jedoch nicht schwerwiegend und betragen lediglich einige Kilo.

Merke: Schwere Knochen gibt es nicht, es gibt dickere oder dünnere. Das sieht man an den Handgelenken. Der Gewichtsunterschied zwischen dick und dünn kann höchstens 2 Kilo betragen. Außerdem gibt es unterschiedliche Typen: der eine hat von Natur einen rundlicheren Körperbau, der andere ist schmal angelegt. Es ist sehr schwer, seinen Typ verändern zu wollen.

Die alte Faustregel »Zentimeter über 1 Meter = Normalgewicht in Kilogramm« gilt in dieser Form nicht mehr. Heute zieht man davon noch 10 Prozent ab. Die Statistiken der Lebensversicherungen versprechen denen die höchste Lebenserwartung, deren Gewicht noch etwa 5 Prozent unter dem Normalgewicht liegt. Das nennt man *Idealgewicht.*
Nun, haben Sie schon nachgerechnet? Sollten Sie dabei auf ein zu hohes Gewicht gestoßen sein, dann gibt's nur eines: Nehmen Sie weniger Kalorien (Joule) zu sich, als Sie verbrauchen.
Entschließen Sie sich zu einer richtigen Schlankheitskur, dann müssen Sie darauf achten, daß es auch eine gesunde Kur ist. Fallen Sie auf keine der Wunder-Diäten herein, die alle, wenn auch unter verschiedenen Namen, darauf basieren, die Kohlenhydrate fast ganz oder ganz wegzulassen. Diese Kuren wirken, sind aber gesundheitsschädlich und keine Ernährung auf Dauer. Wenn Sie aber abnehmen, dann sollten Sie Ihr neues Gewicht möglichst für immer beibehalten. Das bedeutet, während des Abnehmens die Ernährung so umzustellen, daß Sie bei dieser Umstellung auch bleiben können.

Wie der Kalorien-Joule-Kompaß zum Schlankwerden verhilft

Bei vielen Tausenden von Lesern hat sich herausgestellt, daß der KALORIEN-JOULE-KOMPASS ein praktisches Hilfsmittel zum Schlankwerden sein kann.

Zunächst lernt man durch ihn, »kalorienbewußt« zu leben. Man stellt fest, daß ein 40prozentiger Quark mehr als doppelt so viele Kalorien (Joule) hat wie Magerquark und daß Magerquark auch gut schmeckt. Man lernt, daß eine große Schüssel Salat nicht mehr Kalorien (Joule) hat als der eine Eßlöffel Öl, den man dazugibt und daß vor allem mit Fett beim Kochen viel einzusparen ist.

Hat man die Kalorien-Joule-Menge der einzelnen Lebensmittel in den Griff bekommen, weiß man auch im Lokal in etwa, was man ißt, man lernt die Kalorien-Joule-Menge eines Gerichtes zu schätzen. Man läßt dicke Saucen als Beilage fort oder vom Kellner nicht restlos auf den Teller geben, man ißt die Garniermayonnaise nicht mit. Vom kalorien-(joule-)bewußten Essen zum kalorien-(joule-)reduzierten Essen ist dann nur noch ein kurzer Weg: der Wille zum Schlankwerden.

Wir suchen uns bevorzugt kalorien-(joule-)arme Lebensmittel aus, wir achten auf das V, das Vitamin- und Mineralstoffzeichen und bevorzugen es ähnlich wie das +, das Eiweiß, und wir sind vorsichtig mit O, dem Kohlenhydratzeichen, und sehr vorsichtig mit !, dem Fettzeichen. Die beiliegende KONTROLLKARTE ZUM SCHLANKWERDEN ist eine weitere Hilfe (sie enthält der besseren Übersichtlichkeit wegen nur die Kalorienzahlen). Man benutzt sie so:

1. Monat eintragen, derzeitiges Gewicht, Normal- oder Idealgewicht.
2. Ziehen Sie einen dicken senkrechten Strich bei der Kalorienzahl, die Sie sich zum Abnehmen zugebilligt haben. Etwa bei 1200.

3. Halten Sie in den Kästen von links nach rechts beim jeweiligen Tag Ihrer Schlankheitskur die zu sich genommenen Kalorien fest. Mit Strichen, wobei jeweils ein Kasten 100 Kalorien entspricht. Machen Sie für jeweils 100 Kalorien ein Kästchen zu.
4. Tragen Sie jeden Tag rechts außen Ihr Gewicht ein, das Sie morgens vor dem Frühstück nackt auf der Waage feststellen.
5. Die Endpunkte der »gefüllten Kästchen« ergeben nach einigen Tagen eine Kurve. Bleibt sie vor Ihrer Soll-Linie oder stimmt sie mit ihr überein, sind Sie konsequent und werden Erfolg haben. Überschreitet sie die Soll-Linie laufend, sind Sie dabei, den Kampf gegen Ihr Übergewicht zu verlieren. Nehmen Sie aber trotzdem ab, hatten Sie Ihre Soll-Linie zu niedrig festgesetzt.

Genaue Gebrauchsanweisung zu Klevers Kalorien-Joule-Kompaß

Die Angaben in KLEVERS KALORIEN-JOULE-KOMPASS sind nach dem Alphabet geordnet. Gruppen von bekannten Nahrungsmitteln und Getränken (zum Beispiel Brot, Milch, Bier) wurden zusammengefaßt, Spezialitäten wie Cocktails sind unter dem jeweiligen Einzelbegriff eingeordnet, Diät- und Diabetikerprodukte gesondert verzeichnet. Gemüse, Fleisch und Fisch stehen unter den jeweiligen Tier- oder Pflanzennamen. In Zweifelsfällen wurde auf das Stichwort verwiesen.
Alle Angaben, bei denen keine Mengen stehen, beziehen sich auf 100 Gramm, und zwar auf den eßbaren Anteil. Das bedeutet auf die Menge, die Sie wirklich essen: Knochen, Gräten, Schalen und andere Abfälle sind dabei schon abgezogen worden. Sie finden bei diesen Angaben fast immer auch die Einkaufsmengen, wie sie für einen normalen Haushalt üblich sind. Dieses

»Einkauf« bedeutet die Rohware mit Knochen, Gräten, Schalen, Kernen und Strünken. Aus beiden Angaben: 100 Gramm Nettoware und 1000 Gramm Bruttoware kann sich jeder seine persönliche Portion berechnen. Beim Fleisch haben wir die 100 Gramm eßbaren Anteil einem Einkauf von 1000 Gramm Rohware gegenübergestellt. Nur Fleischteile mit geringen Abfallwerten wie Filet oder fast alle Innereien sind nur in der 100-Gramm-Menge des eßbaren Anteils aufgeführt, da der Metzger sie uns schon geputzt und vorbereitet verkauft. Beim Fisch haben wir die Einkaufsmenge auf 200 Gramm beschränkt, weil das einer Portion entspricht und zum Beispiel eine 200-Gramm-Forelle einer größeren vorzuziehen ist. Weitere Portionsfische wie Schleie, Scholle und Seezunge sind im Einkauf in ihren gängigsten Größen angegeben. Ißt man eine ganze Scholle, dann muß man die Kalorien-Joule-Zahl des Rohproduktes berechnen, ißt man Seezungenfilets, ist der eßbare Anteil der Berechnungswert.
Bei Fischen aus dem Tiefkühlprogramm müssen Sie das Bratfett dazurechnen. Fertige Fischgerichte mit Beilagen oder in Saucen sind mit ihren Endkalorien (-joule) aufgeführt, es muß also nichts dazugezählt werden, wie zum Beispiel bei »Seelachsfilet in Kräuterrahmsauce«. Bei allen Tiefkühl(TK)-Fertiggerichten mit der Angabe »2 bis 3 *Portionen*« sind wir von 2 *Portionen* ausgegangen und haben entsprechend geteilt, weil das realistischer ist.
Bei Gemüse wird meist neben den 100 Gramm eßbarem Anteil die Kalorien- (Joule-) Zahl für 1000 Gramm Einkauf aufgeführt. Bei teuren Gemüsen auch für 500 Gramm Einkauf. Sorten wie Artischocken oder Salatgurken werden im Stück gerechnet, da man sie auch stückweise einkauft. Werden Gemüseportionen, tiefgekühlte oder selbstzubereitete, angegeben, beträgt das *Beilagengewicht* jeweils 150 Gramm zubereitete Menge.
Bei Pulvern, aus denen Cremes, Puddinge und ähnliches hergestellt werden, wird nicht der Kalorien- (Joule-) Wert des trockenen Pulvers angegeben, sondern der

Wert der eßfertigen *Portion*. Also ist die Angabe bei Schlag-Screm die für 100 Gramm fertige Schlag-Screm-Sahne und nicht für 100 Gramm Pulver.
Anders ist die Berechnung von Einstreupulvern, wie zum Beispiel Trocken- und Edelhefen. Hier gilt die Kalorien- (Joule-) Angabe für das trockene Pulver.
Bei Kuchenmehlen und fertigen Backmischungen ist immer ein Stück der nach Anweisung zubereiteten Torte oder des Kuchens berechnet.
Bei Salaten, die keine Fertigsalate, sondern selbstzubereitete sind, gilt die Kalorien- (Joule-) Angabe für eine Zubereitung mit Essig und Öl.
Auf Wunsch zahlreicher Leser, die den KALORIEN-JOULE-KOMPASS für das Essen außer Haus benutzen möchten, habe ich eine Reihe von Gerichten wie Wiener Schnitzel, Boeuf Stroganoff oder Grünkohl mit Kasseler aufgenommen und die Angaben für 1 *Portion* gemacht. Diese *Portion* ist so berechnet wie in üblichen Kochbüchern nach den Richtwerten der Lebensmittelmengen für eine Person, die die »Deutsche Gesellschaft für Hauswirtschaft e.V.« errechnet hat. Ich habe mich zum Teil bei der Berechnung auch an Rezepte großer Kantinen gehalten. Es ist mir klar, daß diese Angaben nur Anhaltswerte sind, die eine In-etwa-Vorstellung des Kalorien-Joule-Gehaltes geben sollen. Immer daran denken: in der Kantine oder Restaurant lieber weniger als mehr essen, wenn man abnehmen möchte.
Bei Fertigsaucen wie Ketchup haben wir auf die 100-Gramm-Angabe verzichtet und dafür das alltägliche Maß für den Löffel angegeben. Die Maße und Gewichte (siehe Seite 18) sind von uns ausgewogen und nachgeprüft, sie differieren manchmal mit Angaben der Industrie: Wir haben nach Hausfrauenart gemessen.

Ermitteln Sie eine Tasse Ihres Haushaltes, die 1/8 = 0,125 l faßt und benutzen sie zum Abmessen.

Maße und Zeichenerklärungen

1 TL = 1 Teelöffel = 4–7 g Flüssigkeit = 5 g fester Stoff
1 EL = 1 Eßlöffel = 15–20 g Flüssigkeit = 10–20 g fester Stoff
3 TL = 1 EL
16 EL = 0,25 Liter
0,25 Liter = 1 Suppenteller } Industrieangabe
0,15 Liter = 1 Suppentasse }
0,25 Liter Sauce, Beutel oder hausgemacht = 16 EL
0,25 Liter Sauce aus der Dose = 12 EL
Dickfließende Saucen wie Ketchup 1 EL = 25 g
1 EL Mayonnaise = 30 g
1 EL Relish oder Püree = 40 g
1 Maß-Tasse = 8 EL = 0,125 Liter
1 Liter = 10 Deziliter (dl) = 100 Zentiliter (cl)
1 dl = 10 cl = 0,1 l = 100 g
1 Schnapsglas = 2 cl
1 Süßweinglas = 5 cl
1 Sekt- oder Champagnerglas = 0,1 l
Puddingpulver, nach Anweisung zubereitet = 4 Portionen = 0,5 l
Kastenkuchen oder Rodon = 16 Stücke
Torten = 16 Stücke
Obstkuchen = 12 Stücke

1 Portion bei Fertiggerichten = nach Industrie- und deren Zubereitungsangaben
1 Portion = in etwa übliche Menge an Beilagen oder Hauptgerichten im Restaurant.

TK = tiefgekühlt
F = Fertiggericht
B = Kuchenmehle und Backmischungen nach Anweisung zubereitet
i.D. = im Durchschnitt
\+ = viel Eiweiß – bevorzugt essen, um abzunehmen
! = viel Fett – vorsichtig essen
○ = viele Kohlenhydrate – überlegt essen
V = viele Vitamine und/oder Mineralstoffe – bevorzugt essen
Die Kombination von ○ V zeigt gesunde Kohlenhydrate mit relativ viel Kalorien an.

Bitte lesen Sie auch die genaue Gebrauchsanweisung zum KALORIEN-JOULE-KOMPASS auf den Seiten 15, 16 und 17.

Kalorien-Joule-Tabelle von A bis Z

Rote Zahlen = Kalorienwerte
Schwarze Zahlen = Joulewerte

Alle Angaben ohne Mengen
beziehen sich auf 100 g

A

○	Aachener Printen, 1 Stück	134	561
	Aal	297	1243
	Aal, 200 g Einkauf	418	1750
!	Aal geräuchert	351	1469
!	Aal geräuchert, 200 g Einkauf	534	2235
	Aal in Dillsauce, 1 Portion	380	1591
	Aal in Gelee, 1 Portion	220	921
	Aal mit Rührei, 1 Portion	420	1758
+	Abalone (Dose)	80	335
V ○	ABK-Kollathflocken	352	1473
V ○	ABK-Kollathschrot	352	1473
V	Acerolate (Vitamin-C-Diätetikum) 0,1 l	65	272
	Achimer-Rund	239	1000
V	Ackersalat	20	84
V	Ackersalat, 500 g Einkauf	106	444
+	Äsche	105	440
+	Äsche, 200 g Einkauf	142	594
	After Eight, 1 Täfelchen	34	142
	Ale, englisches Bier, 0,2 l	96	402
	Alexander-Cocktail, 5 cl	147	615
+	Algen	19	79
+	Algen in Pulverform	265	1109
	Allerlei-Gemüse, Eden	17	71
	Allgäuer Käsenudeln, Maggi, 1 Portion	291	1218
+	Allgäuer Schmelzkäse (20%), Kraft, 62,5 g	125	523
	Altdeutscher Erbsentopf, Maggi, 1 Portion	202	846
+	Altdeutscher Hühnertopf (Dose), Hipp, 1 Portion	116	486
	Americano, 8 cl	116	486
	Amerika-Salat, Homann, 1 Becher, 125 g	255	1067
	Ammerländer Schinken	390	1633
V	Ananas	56	234
V	Ananas, 500 g Einkauf	151	632
V	Ananas (Dose), 1 Scheibe	35	147
V	Ananas kandiert	320	1340
	Ananasbowle, 0,2 l	160	670
V	Ananas-Guave-Trank, Rademann, 0,1 l	57	239
	Ananaskompott	97	406
	Ananassaft gesüßt (Dose), 0,2 l	192	804
	Ananassaft ungesüßt (Dose), 0,2 l	100	419
	Ananassaft mit Aprikose, Reino, 0,2 l	120	502
	Ananastorte, Biskuitteig, 1 Stück	266	1113
	Anchovisfilet, 1 Stück	15	63
	Anchovispaste, 1 TL	20	84
+	Anglerfisch (Seeteufel)	72	301
+	Anglerfisch (Seeteufel), 200 g Einkauf	104	435
	Anguillotti	209	875
	Anisette-Likör, 2 cl	75	314
	Anisplätzchen, 1 Stück	40	167
	Anisschnäpse, 2 cl	68	285
V	Anonen	93	389
+	Antilopenfleisch	97	406
	Antipasto, Migro	199	833
V	Apfel	55	230
V	Apfel, 500 g Einkauf	253	1059
○	Apfel getrocknet	279	1168
○	Apfel getrocknet, 1 Ring, 10 g	28	117
○	Apfelbeignet, 1 Stück	300	1256
○	Apfelgelee	260	1088
○	Apfelgelee, 1 EL	64	268

	Apfelkompott, 1 Portion	120	502
O	Apfelkrapfen, 1 Stück *	170	712
O	Apfelkraut, Rheinisches	286	1197
O	Apfelkraut, Rheinisches, 1 EL	71	297
O	Apfelkraut, Rheinisches, 1 TL	24	100
	Apfelkraut für Diabetiker, Lihn	226	946
	Apfelkraut für Diabetiker, Lihn, 1 TL	23	96
	Apfelkren, 1 EL	30	126
O	Apfelkuchen, B, Dr. Oetker, 1 Stück	173	724
	Apfelküchle, 1 Stück	200	837
	Apfelmus (Dose)	79	331
	Apfelmus, 1 Portion	120	502
	Apfelpfannkuchen, 1 Stück	550	2302
	Apfelrotkohl, Iglo TK, 1 Portion	67	280
	Apfelsaft, 0,2 l	94	393
	Apfelsaft Auslese, Donath, 0,2 l	104	435
	Apfelsaft gespritzt, 0,2 l	75	314
	Apfelschnaps, 2 cl	65	272
V	Apfelsinen (siehe auch Orange)	54	226
V	Apfelsinen, 500 g Einkauf	195	816
	Apfelsinenschale gerieben	37	155
	Apfelsinenschale gerieben, 1 TL	2	8
	Apfelsinensoße, Dr. Oetker, 1 EL	10	42
O	Apfelstrudel, Blätterteig, 1 Stück	410	1716
O	Apfelstrudel, Strudelteig, 1 Stück	365	1528
O	Apfelstrudel, Iglo TK, 1 Stück	283	1185
O	Apfelstrudel, Dr. Oetker TK, 1 Stück	270	1130
	Apfeltasche, B, Gervais Danone, 1 Stück	147	615
	Apfeltasche, B, Pillsbury, 1 Stück	184	770
O	Apfeltorte, 1 Stück	450	1884
	Apfelwein, 0,25 l	115	481
	Apfelwein, Knaddel Daddel, 0,25 l	96	400
	Appenzeller Käse (45%)	400	1674
+	Appenzeller Käse (15%)	235	984
	Apple-Pie, 1 Stück	550	2302
V	Aprico, Diätfrucht, Vitaborn, 0,2 l	132	553
	Apricot Brandy, 2 cl	61	255
V	Aprikosen	54	226
V	Aprikosen, 500 g Einkauf	245	1026
	Aprikosen (Dose)	93	389
O	Aprikosen getrocknet	297	1243
O	Aprikosen, getr., 4/2 Früchte	52	218
O	Aprikosen kandiert	240	1004
	Aprikosendessert, Schneekoppe, 250 g	70	293
	Aprikosen-Dessert-Sauce, Kraft, 1 EL	35	150
	Aprikosengeist, 2 cl	65	272
	Aprikosenknödel, Dr. Oetker TK, 1 Stück	110	460
	Aprikosenkompott, 4/2 Früchte	97	406
	Aprikosenkompott, Low Cal., 4/2 Früchte	41	172
O	Aprikosenkonfitüre	257	1076

○	Aprikosenkonfitüre, 1 TL	39	163
	Aprikosenkonfitüre, kalo-arm, Lihn	130	544
	Aprikosenkonfitüre, kalo-arm, Rademann	140	586
	Aprikosenkonfitüre, Schwartauer Diät	186	779
V	Aprikosennektar, 0,2 l	100	419
V	Aprikosennektar, Stute-Diät, 0,2 l	58	243
V	Aprikosensaft, Banjo, 0,2 l	140	586
V	Aprikosensaft mit Orange, Reino, 0,2 l	116	486
○	Aproten, Nudeln eiweißarm	340	1423
	Aquavit, 2 cl	39	163
	Aranca-Cremespeisen, 1 Portion	120	503
	Arancini	270	1130
	Ardennen-Schinken	264	1105
	Armagnac, 2 cl	44	184
	Aromat	0	0
	Arrak, 2 cl	50	209
	Arrak-Aroma, 2 ccm	4	17
	Arrak-Grog	140	586
○	Arrowroot (Speisestärke), 1 TL	18	75
V	Artischocke	61	255
V	Artischocke, 1 Stück, 200 g Einkauf	61	255
	Artischockenböden, 1 Dose, 220 g	128	536
	Artischockenherzen, 1 Dose, 250 g	145	607
	Aspikpulver, 1 Päckchen	35	147
	Assugrin	0	0
	Aubergine	25	105
	Aubergine, 500 g Einkauf	106	444
	Aufschnitt mager	300	1256
+	Austern, 6 Stück	120	502
	Austern geräuchert, Appel, 1 Dose, 105 g	178	745
!	Austernseitling (Austernpilz)	31	130
!	Austernseitling (Austernpilz), 500 g Einkauf	125	523
	Automatensuppe, Creme-, 1 Becher, 170 ml	40	167
	Automatensuppe, Klare, 1 Becher, 170 ml	10	42
V	Avocado, Californien	200	837
V	Avocado, Californien 1 Stück 250 g	375	1570
V	Avocado, Israel	170	712
V	Avocado, Israel, 1 Stück 250 g	320	1340
!V	Avocado, Mexiko	240	1005
!V	Avocado, Mexiko, 1 Stück, 250 g	452	1892
	Avocadohälfte mit Krabben	375	1570

B

	Backfisch (Gold), Iglo TK, 1 Portion, 125 g	238	996
	Backhendl, Wiener, 1 Portion	570	2386
	Backoblaten, Küchle, 1 Stück	1	4
○	Backobst gemischt	269	1126
○	Backobstkompott, 1 Portion	200	837
○	Backpflaumen, 6 Stück, 36 g	90	377
	Backpulver, 1 Päckchen	16	67
!	Bacon	665	2784
	Bacon Krisp, 1 Dose = 19 g	107	448
○	Baguette, 1 Stück, 150 g	390	1633
	Baiser, 1 Stück	110	460
	Baiser mit Sahne, 1 Stück	230	963

	Baked Beans, 1 Portion	655	2742
V	Baked Potato, 1 Stück, 200 g	138	603
	Baked Potato mit Sauerrahm, 1 Stück	200	837
	Balkangemüse, Iglo TK, 1 Portion, 150 g	232	1013
	Balkansalat, Appel, 1 Portion, 125 g	34	142
	Balkansalat, Hipp, 1 Portion, 150 g	116	486
	Balkansalat, Homann, 1 Becher, 125 g	80	335
	Bambussprossen (Dose)	27	113
	Bami Goreng, Dr. Oetker TK, 1 Portion, 225 g	390	1633
	Bananavit-Likör, 2cl	75	314
○	Banane	90	377
○	Banane, 500 g Einkauf	332	1390
○	Banane, 1 Stück, 200 g Einkauf	135	565
○	Bananen getrocknet	305	1277
	Bananenlikör, M. Brizard, 2 cl	65	272
	Bananenpudding, Galetta, 1 Portion	160	670
○	Bananenscheiben, Chiquita (Dose)	107	448
	Barbecuesauce, Kraft, 1 EL	25	105
+	Barsch	89	372
+	Barsch, 200 g Einkauf	72	301
	Baseler Leckerli, 1 Stück	100	419
○	Batate	124	519
○	Batate, 500 g Einkauf	502	2101
	Batatenstärke	356	1490
	Batatenstärke, 1 TL	18	75
	Bauernfrühstück, 1 Portion	450	1884

○	Baumkuchen, 1 Portion	360	1507
!	Baumnüsse mit Schale	1516	6346
○	Baumnuß, karamelisiert	456	1909
!	Baumnußkerne	705	2951
!	Baumnußkerne, 8 Stück	105	439
	Baumtomate	50	209
	Bayerische Creme, 1 Portion	300	1256
	Bayerischer Wurstsalat, Homann, 1 Becher, 125 g	150	628
!	Béarnaise-Sauce, 1 EL	185	774
+	Beefsteak-Hack	126	527
+	Beefsteak-Tatar, 1 Portion	260	1088
	Beeren siehe einzelne Sorten		
	Beeren-Trauben-Trank, Rademann, 0,1 l	45	188
	Beißkohl	23	96
	Beißkohl, 1000 g Einkauf	186	779
	Bénédictine-Likör, 2 cl	75	314
○	Berliner Pfannkuchen, 1 Stück	220	921
	Berner Platte, Sonnen, 1/2 Dose	385	1612
	Bethmännchen, 1 Stück	80	335
	Beuschel, 1 Portion	400	1675
V	Bickbeeren	62	259
○	Bienenstich gefüllt, 1 Stück	215	900
	Bienenstich ungefüllt, 1 Stück	170	712
	Bier, Ale, 0,2 l	96	402
	Bier, alkoholfrei, 0,33 l	80	335
	Bier, Alt-, 0,33 l	146	611
	Bier, Berliner Weiße mit Schuß, 0,33 l	125	523
	Bier, Bock-, 0,5 l	291	1218
	Bier, Diabetiker-, 0,25 l	102	427

	Bier, Diät-Alt-, 0,33 l	135	565
	Bier, Diätpils, 0,33 l	100	419
	Bier, Ex-alkoholfrei, 0,25 l	48	201
	Bier, Export-, 0,5 l	292	1222
	Bier, Guinness, England, ½ pint	94	393
	Bier, Guinness, Europa, 0,33 l	146	611
	Bier, hell, 0,5 l	218	913
	Bier, Märzen-, 0,5 l	255	1067
	Bier, Malz-, 0,33 l	185	774
	Bier, Nähr-, 0,33 l	185	774
	Bier, Pils, 0,33 l	146	611
	Bier, Porter, 0,25 l	172	720
	Bier, Radlermaß, 1l	526	2202
	Bier, alkoholfrei, Roc Migro, 0,2 l	41	172
	Bier, Stark-, 0,5 l	327	1370
	Bier, Weiß-, Weizen-, 0,5 l	200	838
	Bierschinken	280	1172
	Bierschinken, Hoffart-Vertrieb	240	1005
	Bierschinken gebacken, Hoffart-Vertrieb	240	1005
+	Bierschinken, Truthahn-	168	703
	Biersuppe, 1 Teller	170	712
!	Bierwurst	360	1507
	Bierwurst, Redlefsen	286	1197
	Bihun-Suppe, Iglo TK, 1 Teller	95	398
+	Bioghurt, 1 Becher	93	389
	Biohalbe, 1 Kurtag	600	2512
	Biowert Früchtejoghurt, 1 Becher	57	239
○ V	Bircher-Benner-Müsli, 1 Portion	260	1088
○ V	Birchermüesli, Reddy-, Migro	444	1859
	Birell alkoholfrei, 0,25 l	61	255
	Birkenpilz	28	117
	Birkenpilz, 500 g Einkauf	112	469
+	Birkhuhn	111	465
V	Birne	55	230
V	Birne, 500 g Einkauf	260	1088
	Birne (Dose)	72	301
○	Birne getrocknet	294	1231
○	Birne »Helene«, 1 Portion	400	1674
	Birnen (Dose), Edel-	76	318
	Birnen (Dose), Lihn-Diät	76	318
	Birnen (Dose), Sionon	55	230
	Birnengeist, 2 cl	60	251
	Birnenkompott, Schneekoppe	30	126
V	Birnensaft, Banjo, 0,2 l	110	460
!	Biskin-Fett	930	3893
!	Biskin-Fett, 1 EL	140	586
	Biskotten, 1 Stück, 5 g	15	63
○	Biskuitkuchen, B, Kraft, 1 Stück	100	419
○	Biskuitkuchen, B, Dr. Oetker, 1 Stück	133	557
	Biskuitkeks, 1 Stück, 5 g	22	92
○	Biskuitrolle mit Creme, 1 Stück	150	502
○	Biskuitrolle mit Marmelade, 1 Stück	200	837
!	Bismarckhering	225	942
!	Bismarckhering, 1 Stück, 125 g	267	1118
	Bismarckhering 1 Filet, 60 g	135	565
	Bitter Lemon, 0,2 l	120	502
	Bitter Lemon, Aproz, 0,2 l	85	356
	Bitter Lemon, slimline, 0,2 l	20	84
	Bittermandelöl, 2 ccm	14	59
	Bitter slimline, Schweppes, 0,2 l	1	4
	Black Velvet, 0,2 l	140	586
!	Bläslewurst	440	1842
	Blätterkohl	16	67
	Blätterkohl, 500 g Einkauf	63	264

	Blättermagen	97	406
O	Blätterteig, TK	410	1716
O	Blätterteig, Iglo TK, 1 Platte	242	1013
O	Blätterteigpastete, 1 Stück	150	628
	Blätterteigpastete mit Ragout fin	230	963
	Blätterteig-taschen gefüllt, Iglo TK, 1 Stück	230	963
	Blätterteig-teilchen, 1 Stück	280	1172
	Blaubeerdessert, Schneekoppe, 125 g	75	314
V	Blaubeeren	62	259
V	Blaubeeren, Dr. Oetker TK	62	259
	Blaubeeren mit Milch und Zucker 1 Portion	200	837
	Blaubeerkompott, 1 Portion	160	670
+	Blaufelchen	108	452
+	Blaufelchen, 200 g Einkauf	146	611
	Blaukraut	27	113
	Blaukraut, 1000 g Einkauf	212	887
!	Blauschimmel-käse (50%)	413	1729
	Bleichsellerie	21	88
	Bleichsellerie, 500 g Einkauf	66	276
O	Blockmalz	420	1758
	Bloody Mary, 0,1 l	95	398
+	Blue Crab	95	398
	Blumenkohl	28	117
	Blumenkohl, 1 kleiner Kopf, 500 g Einkauf	85	356
	Blumenkohlcreme-suppe, Knorr, 1 Teller	138	578
	Blumenkohlsuppe, Maggi, 1 Teller	60	251
!	Blutwurst	425	1779
!	Bockwurst, 1 Stück, 120 g	340	1423
!	Bockwurst (Dose), Herta	305	1277
+	Bodenseefelchen	108	452
+	Bodenseefelchen, 200 g Einkauf	146	611
	Boeuf Stroganoff, 1 Portion	600	2512
	Bohnen, Dicke, Iglo TK	29	121
V	Bohnen grün	33	138
V	Bohnen grün, 1000 g Einkauf	314	1314
	Bohnen grün (Dose)	23	96
	Bohnen, Grüne, mit Rind-fleisch (Dose), Sonnen, 1 Port.	252	1055
O +	Bohnen weiß getrocknet	352	1437
O +	Bohnen weiß und rot (Dose)	118	494
V	Bohnen, Brech-, Dr. Oetker TK	33	138
V	Bohnen, Wachs-	27	113
V	Bohnen, Wachs- (Dose)	22	92
	Bohnengemüse, 1 Portion	128	536
	Bohnensalat, Develey	43	180
	Bohnensalat, 1 Portion	112	469
	Bohnensuppe, Bosnische, Dr. Oetker TK, 1 Tasse	160	670
	Bohnensuppe, Serbische (Dose), Knorr, 1 Tasse	60	251
	Bohnen-Terrine, Serbische, F, Sonnen, 1/2 Dose	375	1570
!	Bollito misto, 1 Portion	1200	5442
O	Boltjen, 1 Stück	20	84
	Bombay-Cocktail, Lacroix, 125 g	105	440
O	Bonbons	400	1674
O	Bonbon, 1 Stück	20	84
O	Bonbons, Butter-scotch, Keiller	390	1632

	Bonbon, Diabetiker-, 1 Stück .	19	80
	Bonbon, Diät-, 1 Stück	18	75
	Bonbons, Früchte und Kräuter, Schneekoppe, 1 Schachtel, 40 g	148	619
○	Bonbons, Sarotti .	390	1632
	Bonitos, 10 Stück .	60	251
	Bouillabaisse, Appel, 1 Teller ..	650	2721
	Bouillon, Rinds-, instant, Maggi, 1 Tasse	8	32
	Bouillon mit Ei, 1 Tasse	120	502
	Boulette gebraten, 1 Stück	275	1151
○	Bounty, 1 Riegel ..	280	1172
	Bourbon, 4 cl ...	115	481
!	Boursinkäse	424	1775
V	Boysenbeeren ...	48	201
+	Brachsen	125	523
+	Brachsen, 200 g Einkauf ..	140	586
	Brägen	132	553
○	Bran Buds, Kellogg's, 3 EL .	150	629
	Brandy, 2 cl	44	184
	Branntwein, 2 cl ..	44	184
+	Brassen	125	523
+	Brassen, 200 g Einkauf ..	140	586
!	Brasilnüsse	688	2880
!	Brasilnüsse, 4 Kerne	97	406
	Bratensaft, instant, 1 EL	7	29
	Bratensoße (Tube), 1 EL	9	38
	Bratensoße, Delikateß-, 1 EL	7	29
	Bratensoße, instant, 1 EL	8	33
	Bratensoße, Klare (Tube), 1 EL	10	42
+	Brathähnchen, ½ Stück	350	1465
!	Brathering, 1 Stück, 150 g ..	320	1340
○	Bratkartoffeln mit Margarine, 1 Portion	300	1256
○	Bratkartoffeln mit Öl, 1 Portion	330	1381
	Brat- und Grill-Scheibletten (45%), Kraft, 1 Stück	64	270
!	Bratwurst (Kalb) ..	343	1436
!	Bratwurst (Schwein)	364	1524
V	Braunkohl	46	193
V	Braunkohl, 1000 g Einkauf .	234	980
!	Braunschweiger Mettwurst	541	2265
	Brause mit Süßstoff, Florida	0	0
	Brause mit Zucker, Florida, 0,33 l ...	110	460
!	Bremer Pinkel	849	3554
V	Brennesselsaft, 0,1 l	19	80
!	Bresse bleu (50%)	413	1729
	Brezel, Blätterteig, 1 Stück	107	448
	Brezel, Laugen-, 1 Stück	94	393
!	Brick-Trappistenkäse (45%), Kraft	340	1420
!	Brie (50%)	368	1540
+	Bries, Kalbs-	108	452
+	Brislinge	153	640
V	Broccoli	33	138
V	Broccoli, 500 g Einkauf ..	102	427
	Broccoli, Dr. Oetker TK ...	33	138
	Broccoligemüse, 1 Portion	130	544
○	Brösel	352	1473
	Brösel, 1 EL	35	146
○	Brötchen, 1 Stück	140	586
	Brötchen mit Butter, ½ Stück ...	110	460
	Brötchen mit Honig, ½ Stück	100	419
	Brötchen mit Käse (30%), ½ Stück .	170	712

	Brötchen mit Lachsschinken, ½ Stück	115	481
	Brötchen mit Leberwurst, ½ Stück	210	879
○	Brötchen, Roggen-, 1 Stück	110	460
	Brötchen, B, Gervais-Danone, 1 Stück	70	293
	Brötchen, B, Pillsbury, 1 Stück	120	502
V	Brombeeren	48	201
	Brombeeren (Dose)	88	368
	Brombeerkompott	110	460
V	Brombeer-muttersaft, 0,1 l	22	92
V	Brombeersaft ungesüßt, 0,2 l	72	301
○	Brot, Baguette, 1 Stück, 150 g	390	1633
V	Brot, Bauern-	250	1047
V	Brot, Bauern-, 1 Scheibe, 40 g	100	419
V	Brot, Bauern-, B, Dr. Oetker, 1 Scheibe, 40 g	103	431
V	Brot, Diät-, Migro 2 Scheiben, 40 g	109	456
	Brot, Diät-, Vitanova, 1 Scheibe, 40 g	90	377
V	Brot, »du darfst«	190	795
V	Brot, »du darfst«, 1 Scheibe, 45 g	86	360
V	Brot, Graham-	250	1047
V	Brot, Graham-, 1 Scheibe, 40 g	100	419
○	Brot, Grau-	244	1021
○	Brot, Grau-, 1 Scheibe, 40 g	98	410
	Brot, Knäcke- siehe Knäckebrote		
○	Brot, Kommiß-	257	1076
○	Brot, Kommiß-, 1 Scheibe, 40 g	103	431
○	Brot, Kümmel-, B, Dr. Oetker, 1 Scheibe, 40 g	102	429
	Brot, Leinsamen-	275	1151
	Brot, Leinsamen-, 1 Scheibe 40 g	110	460
○	Brot, Misch-	244	1021
○	Brot, Misch-, 1 Scheibe, 40 g	98	410
○ V	Brot, Pumpernickel 1 runde Scheibe	50	209
○	Brot, Roggen-	253	1059
○	Brot, Roggen-, 1 Scheibe, 40 g	101	424
○ V	Brot, Roggenvoll-korn-	239	1000
○ V	Brot, Roggenvoll-korn-, 1 Scheibe, 40 g	96	402
○	Brot, Rosinen-, 1 Scheibe, 40 g	135	565
○	Brot, Rosinen-, B, Dr. Oetker, 1 Scheibe, 40 g	122	511
○ V	Brot, Schlüter-	286	1197
○ V	Brot, Schlüter-, 1 Scheibe, 40 g	115	481
○ V	Brot, Simons-	248	1038
○ V	Brot, Simons-, 1 Scheibe, 40 g	100	419
V	Brot, slaenk-	210	879
V	Brot, slaenk-, 1 Scheibe 30 g	63	264
○ V	Brot, Steinmetz-	254	1063
○ V	Brot, Steinmetz-, 1 Scheibe, 40 g	102	427
○	Brot, Toast-	250	1047
○	Brot, Toast-, 1 Scheibe, 30 g	75	314
+ V	Brot, Toast, slaenk-	240	1005
+ V	Brot, Toast, slaenk-, 1 Scheibe, 20 g	48	201
○ V	Brot, Vollkorn-	239	1000
○ V	Brot, Vollkorn-, 1 Scheibe 40 g	96	402
V	Brot, Vollkornschrot-, B, Dr. Oetker, 1 Scheibe, 40 g	107	449
○ V	Brot, Waerland ABK	244	1021
○	Brot, Weiß-	260	1088
○	Brot, Weiß-, 1 Scheibe, 30 g	78	327
○ V	Brot, Weizenkeim-	260	1088
○ V	Brot, Weizen-schrot-	250	1047
○ V	Brot, Weizenschrot-, 1 Scheibe 40 g	100	419

OV	Brot, Weizenvollkorn-	241	1009
OV	Brot, Weizenvollkorn-, 1 Scheibe	96	402
O	Brotsuppe, 1 Teller	250	1047
	Brühbratwurst, Truthahn, 1 Stück	145	607
	Brühe (Würfel), 0,25 l	7	29
	Brühe fett (Würfel), 0,25 l	17	70
	Brühe gekörnt, 0,25 l	7	29
	Brühwurst fettvermindert	155	649
	Brühwurst (25%, Dose)	274	1147
	Brüsseler Kohl	52	216
	Brüsseler Kohl, 1000 g Einkauf	420	1758
V	Brunnenkresse	21	88
	Buchstabensuppe, 1 Teller	80	335
O	Buchtel, 1 Stück	300	1256
OV	Buchweizen, Korn	364	1524
OV	Buchweizengrütze	361	1511
OV	Buchweizengrütze, 1 EL	72	301
O	Buchweizenmehl	369	1545
	Buchweizenmehl, 1 EL	74	310
	Budapester Pfeffertopf (Dose), F, Jokisch, 1 Port.	261	1093
	Budapester Salat, Homann, 1 Becher, 180 g	495	2072
	Büchsenmilch (10%), 1 TL	9	38
	Büchsenmilch (7,5%), 1 TL	7	29
!	Bückling	232	971
!	Bückling, 200 g Einkauf	292	1222
+	Büffelmilchkäse	207	867
+	Bündner Fleisch	264	1105
O	Bürli	244	1021
	Bürzelkohl	24	100
OV	Bulgur	343	1436
	Bunter Gemüsetopf, Maggi-Quick, 1 Portion	120	502
+	Butt	83	347
+	Butt, 200 g Einkauf	92	385
!	Butter	776	3248
!	Butter, Hotelpackung, 25 g	194	812
!	Butter, 1 EL	116	486
!	Butter, 1 TL	39	163
	Butter, Milchhalbfett	393	1645
	Butter, Milchhalbfett, Hotelpackung, 25 g	100	419
	Butter, Milchhalbfett, 1 EL	59	247
	Butter, Milchhalbfett, 1 TL	20	84
	Butterbrot, 1 Scheibe	180	753
!O	Buttercremetorte, 1 Stück	500	2093
!	Butterfett	921	3855
!	Butterfett, 1 EL	138	578
	Buttergemüse, Iglo TK, 1 Portion	187	783
	Buttergemüse, Dr. Oetker TK, 1 Portion	163	682
!	Butterkäse (50%)	361	1511
	Butterkeks, Leibniz, 1 Stück	20	84
	Butterkuchen, 1 Stück	220	921
	Buttermilch, 0,25 l	90	377
	Buttermilch aus Pulver, 0,25 l	125	523
	Butterpilz	25	105
	Butterpilz, 500 g Einkauf	100	419
	Buttersnacks, 3 Stück, 7 g	92	385
O	Butterzopf, 1 Scheibe, 40 g	138	578

Rote Zahlen = Kalorienwerte
Schwarze Zahlen = Joulewerte

C

		kcal	kJ
	Café au lait mit Zucker, 1 Tasse	120	502
	Café au lait ohne Zucker, 1 Tasse	80	335
+	Calamares	110	460
	California-Salat, Hengstenberg ..	60	251
	Calvados, 2 cl	65	272
!	Camembert (50%), 62,5 g	200	837
	Camembert (40%)	297	1243
	Camembert (40%), 62,5 g	186	779
	Camembert (30%), 62,5 g	141	579
!	Camembert Suisse (60%) ...	383	1603
	Campari, 5 cl (30%)	75	314
	Candygurken, Kühne	100	419
	Cannelloni, 1 Portion	600	2512
	Cannelloni, Maggi, 1 Portion	450	1884
	Cantaloupemelone, ½ Frucht	37	155
!	Caprice des Dieux (60%)	402	1683
	Capuccino, 1 Tasse	60	251
	Caro-Instant, 1 Tasse	3	13
!	Cashewnüsse	604	2528
!	Cashewnüsse, 10 Kerne	60	251
	Cashewnußmus, grano Vita, 1 EL .	96	402
	Cassis, 2 cl	65	272
!	Catalina-Dressing, Kraft	450	1883
!	Catalina-Dressing, Kraft, 1 EL	70	293
V	Cefrisch, 0,1 l	55	230
V	Cerola, 0,1 l	68	285
V	Cerola D, 0,1 l	65	272
!	Cervelatwurst	484	2026
+	Cervelat-Schlankheitswurst, Karstadt	170	712
+	Cervelatwurst, Wiltmann	210	879
	Cevapcici, 1 Portion	500	2093
	Chäs-Croquetten, Dr. Oetker TK, 1 Stück	109	456
	Chäs-Plätzli, Iglo TK, 1 Stück	83	347
	Champagner brut, 0,1 l ..... i.D.	67	280
	Champagner extra dry, 0,1 l i.D.	70	293
	Champagner sec, 0,1 l ..... i.D.	90	377
	Champagner-Cocktail, 0,2 l ...	240	1005
	Champagnerkraut, 1 Portion	250	1047
+	Champignon	24	100
+	Champignon, 500 g Einkauf ..	110	460
+	Champignon (Dose)	25	105
+	Champignon, 1 Portion	180	753
	Champignoncremesuppe (Dose), Knorr, 1 Tasse ..	38	159
	Champignoncremesuppe (Dose), Maggi, 1 Tasse .	68	290
	Champignoncremesuppe, Maggi Meisterklasse, 1 Teller	87	370
	Champignon-Plätzli, Iglo TK, 1 Stück	85	356
	Champignon-Schmelzkäse (45%), 62,5 g ...	193	808
	Champignonsoße, Delikateß-, Maggi, 1 EL	9	38
	Champignonsoße, Sonnen, 1 EL	10	42
	Champignonsuppe, Knorr, 1 Teller ..	65	272
	Charlotte russe, 1 Portion	370	1549
	Chartreuse, 2 cl ..	75	314

	Chateaubriand, 1 Portion	420	1758
+	Chatkakrabbe	95	398
!	Cheddar-Käse (50%)	429	1796
+	Cheesy, Adler (45%)	210	879
V	Cherimoya	93	389
	Cherry Brandy, 2 cl	55	230
	Cherry Heering, 2 cl	55	230
!	Chester (45 %), Kraft	370	1549
!	Chester (50%), Milkana	393	1645
!	Chester-Scheibletten (45%), Kraft, 1 Stück	64	268
	Chicorée	16	67
	Chicorée, 500 g Einkauf	71	297
	Chicoréesalat, 1 Portion	120	502
	Chilisauce, 1 EL	23	96
	Chinagemüse »Jang-Kiang«, Dr. Oetker TK, 1 Portion	105	440
	Chinakohl	16	67
	Chinakohl, 500g Einkauf	63	264
	Chinakohlgemüse, 1 Portion	170	712
	Chinakohlsalat, 1 Portion	155	649
	Chinamorcheln getrocknet, 10 g	37	155
	Chinasuppe »Tunhang«, Dr. Oetker, 1 Tasse	114	477
	Chinesische Haifischflossensuppe, kalo-arm, Lacroix, 1 Täßchen	23	96
	Chinesische Schwalbennestersuppe, kalo-arm, Lacroix, 1 Täßchen	23	96
	Chinesische Trepang-Suppe, kalo-arm, Lacroix, 1 Täßchen	16	67
	Chips, Bahlsen	560	2344
	Chips, 1 Stück	10	42
	Chipsi-Gurken, Hengstenberg	45	188
	Chocky, 1 Stück	85	356
	Choco-Drink, Migro, 0,2 l	136	569
	Chocolate-Mint-Likör, 2 cl	64	268
	Chop Suey, Dr. Oetker TK, 1 Portion	358	1499
O	Christstollen, 1 Scheibe, 60 g	264	1105
	Christstollen, mit Mandeln 1 Scheibe, 60 g	300	1255
	Chutney, 1 EL	40	167
+	Cibulett-Kräuter, 150 g	224	938
+	Cibulett-Meerrettich, 150 g	225	942
V	Cicorino	27	113
	Cidre herb, 0,25 l	95	398
	Cidre süß, 0,25 l	105	439
	Citron, Aproz, 0,2 l	85	356
V	Clementinen	54	226
V	Clementinen, 500 g Einkauf	195	816
	Club-Sandwich, 1 Stück	700	2930
	Coca Cola, 0,2 l	88	368
	Cocktailkirsche, 1 Stück	8	33
	Cocktailsauce, Kraft, 1 EL	60	251
	Cocktailshrimps, Dr. Oetker TK, 1 Portion	78	327
	Cocktailwürstchen, 1 Stück	29	121
	Cognac, 2 cl	44	184
	Cointreau, 2cl	85	356
	Cola-Getränke, 0,2 l	88	368
	Cola-Getränke, 0,33 l	145	607

	Cola-Getränke koffeinfrei, 0,2 l	80	335
	Cola-Rum, (2 cl Rum, 0,2 l Cola)	162	678
	Consommé, 1 Tasse	150	628
	Cordon bleu, 1 Portion	500	2093
	Corned beef, amerikanisch	225	942
+	Corned beef, deutsch	153	640
+	Corned beef, Hoffart-Vertrieb	110	460
○	Corn-flakes, Kellogg's	353	1478
○	Corn-flakes, Kellogg's, 3 EL	35	147
○	Corn Frost, Kellogg's	363	1520
○	Corn Frost, Kellogg's, 3 EL	36	151
	Cornichon, 1 Stück	1	4
!	Cortinakäse (70 %), 62,5 g	236	988
+	Cottage Cheese, 1 Schale, 200 g	210	879
	Cottie, Milram, 1 Becher, 200 g	222	929
	Cottie mit Früchten, Milram, 1 Becher, 200 g	280	1172
	Courgette	11	46
	Courgette, 500 g Einkauf	38	159
!○	Couverture	560	2344
+	Crabmeat	95	398
○	Cräcker	265	1109
	Cräcker, 1 Stück	8	33
	Crème Caramel, 1 Portion	260	1088
	Crème de Cacao, 2 cl	70	293
	Crème de Menthe, 2 cl	75	314
	Crème fraîche, Ehrmann, 1 Glas	688	2880
	1 EL	79	329
!○	Creme-mix, Kraft, für 1 Torte	1100	4605
	Creme-mix, Kraft, 1 EL	100	419
	Creme Royal, Chambourcy, 1 Becher, 125 g	140	586
	Cremeschnitte, 1 Stück	180	753
!○	Cremetorte, 1 Stück	500	2093
	Cremetorte, B, Kraft, 1 Stück	231	967
	Crêpe, 1 Stück	140	586
	Crêpes Suzette, 1 Portion	520	2177
	Crevetten	103	431
○	Croissant, Dr. Oetker TK, 1 Stück	105	439
○	Crunch-Vollmilch	535	2239
○	Crunch, die Weiße, Nestlé	560	2344
	Cuba libre (2 cl Rum, 0,2 l Cola)	162	678
	Cumberlandsauce, 1 EL	37	155
	Curaçao, 2 cl	80	335
	Curry-Ketchup, Livio, 1 EL	29	121
	Curry-Ketchup, Thomy, 1 EL	36	151
	Curry-Lamm, 1 Portion	415	1737
	Currypastete, Echte, Dyna, 1 Portion	60	250
	Currypastete, Tartex, 1 Portion	60	250
	Currypulver	0	0
	Currysoße, Maggi, 1 EL	7	29
	Currysoße, Delikateß-, Maggi, 1 EL	12	50
	Currytopf »Bombay«, Jokisch, 1 Port.	339	1419
!	Currywurst, 1 Stück, 150 g	500	2093
!	Currywurst mit Sauce, 1 Stück	650	2721

	Custard-Pudding, 1 Portion	410	1716
	Cyclamat	0	0
	Cynar, Bols, 2 cl	50	209

D

	Daiquiri, 0,1 l	85	356
	Dalmatia-Salat, kalo-arm, Kühne	50	209
+	Damhirsch	116	486
+	Damhirsch, 1000 g Einkauf	960	4019
+	Damhirschsteak, 1 Portion	270	1130
○	Dampfnudeln mit Vanillesauce, 1 Portion	700	2930
!	Danablu-Käse 50%	413	1729
	Danone 3-Schichten-Dessert, 1 Becher, 125 g	175	733
	Danone Joghurt-Dessert, 1 Becher, 125 g	135	565
	Danone Schoko-soft, 1 Becher, 75 g	153	640
	Danone Vanille-soft, 1 Becher, 75 g	160	670
	Dany, Grand Marnier, 1 Becher, 125 g	135	565
	Dany, Schoko, 1 Becher, 125 g	156	653
	Dany, Vanille, 1 Becher, 125 g	131	548
	Dany mit Dessert-Soße, Schoko/Vanille, 1 Becher, 125 g	130	544
	Dany mit Dessert-Soße, Vanille/Himbeer, 1 Becher, 125 g	110	460
	Dany + Sahne, Aprikose, Erdbeere, 1 Becher, 125 g	142	594
	Dany + Sahne, Café, 1 Becher, 125 g	159	666
	Dany + Sahne, Himbeere, 1 Becher, 125 g	152	636
	Dany + Sahne, Schoko, 1 Becher, 125 g	172	720
	Dany + Sahne, Vanille, 1 Becher, 125 g	156	653
	Danziger Goldwasser, 2 cl	62	259
	Datteln frisch	82	343
	Datteln frisch, 1 Stück	16	67
	Datteln getrocknet	305	1277
	Datteln getrocknet, 1 Stück	35	147
	Dauerhefe, 7 g	26	108
!	Debrecziner, 1 Paar	648	2712
	DEM, Minimaldiät 1 Kurtag	700	2930
	Desserts siehe einzelne Sorten		
	Dessertwein, 5 cl i.D.	80	335
○	Dextro-Energen, 1 Täfelchen	25	105
○	Dextropur, 1 TL	18	75
	Diabetikerbier, 0,25 l	102	427
	Diabetikereis, Langnese, 1 Becher	76	318
	Diabetikereis, Zitrone, Dr. Oetker, 1 Becher	105	439
	Diabetiker-Knäckebrot, 1 Scheibe	31	130
	Diabetikerkonfitüren, Schneekoppe, 1 EL	54	226
	Diabetikernudeln, Schneekoppe	348	1457

	Diabetiker-Pflaumenmus, 1 EL	49	205
	Diabetikerschokoladen, Schneekoppe	565	2365
	Diabetikerweine, 0,25 l i.D.	165	691
○	Diabetikerzucker	390	1632
	Diabetikerzucker, Schneekoppe, 1 EL	58	243
!	diäsan, Eden	910	3809
!	diäsan, Eden, 1 EL	136	571
	Diät-Altbier, 0,33 l	135	565
	Diätaromat	0	0
	Diätbecher-Eis, Südmilch, 1 Stück	87	364
	Diätbrot, Migro, 2 Scheiben, 40 g	109	456
	Diätbrot, Vitanova, 1 Scheibe, 40 g	90	377
	Diät-Brotaufstrich, Rademann, 25 g	40	167
	Diät-Buttergebäck, 1 Stück	15	63
	Diät-Christstollen, Schneekoppe, 1 Scheibe, 60 g	296	1239
	Diät-Dauergebäck, Studt	377	1578
	Diät-Erdbeer-Cocktail-Eis, 1 Stück	88	368
	Diätgebäck Rademann, Biscotti	414	1733
	Diätgebäck Rademann, Bisquisit	475	1988
	Diätgebäck Rademann, Buttergebäck	500	2093
	Diätgebäck Rademann, Fruchtwaffeln	591	2474
	Diätgebäck Rademann, Knusperschnitten	518	2168
	Diätgebäck Rademann, Nuß-Mandel	548	2294
	Diätgebäck Rademann, Sandgebäck	490	2051
	Diätgebäck Rademann, Schoko-Oblaten	610	2553
	Diätgebäck Rademann, Tageskeks	455	1905
	Diätgebäck Rademann, Torteletts	495	2072
	Diätgebäck Rademann, Zwieback	410	1716
	Diätkonfitüre, Fruchtzucker, Schneekoppe, 1 EL	47	197
	Diätkonfitüre, Fructusan, 1 EL	52	218
	Diätkonfitüre, Lihn, 1 EL	31	130
	Diätkonfitüre, Minical, 1 EL	23	96
	Diätkonfitüre, Schwartau, 1 EL	46	193
	Diätkonfitüre, Sionon, 1 EL	55	230
	Diätmakkaroni, Rademann	378	1582
	Diätobst (Glas), Lihn i.D.	87	364
	Diätobst (Glas), natreen i.D.	25	105
	Diätobst (Glas), Sionon i.D.	50	209
!	Diät-Pflanzencreme, becel	780	3265
!	Diät-Pflanzencreme, becel, 1 EL	118	494
!	Diät-Pflanzencreme, becel, 1 TL	39	163
	Diätpils, 0,33 l	100	419
	Diätpraline Rademann, Bouquet, 1 Stück	54	226

	Diätpraline Rademann, Mandelsplitter, 1 Stück	60	251
	Diätpraline Rademann, Präsident, 1 Stück	54	226
	Diätsirup Orange, Rademann, 1 EL	18	75
	Diätsirup Orange, Rademann, 1 TL	6	25
○	Diätspekulatius	454	1900
○	**Diätwaffeln** ...i.D.	530	2219
	Dicke Bohnen, Iglo TK	29	121
+	Dickmilch (3,5%), 1 Becher, 250 g	180	753
+	Dickmilch (1,5%), 1 Becher, 250 g	140	586
+	Dickmilch, Kneipp, 1 Becher, 200 g	90	377
	Dietina Fruchtnektare, 0,1 l	20	85
V	Dill frisch, 1 Bund	5	21
V	Dill, Iglo TK, 1 Päckchen	8	33
	Dill-Chips, Gurken, Appel	35	147
	Dill-Gewürzgurken, Appel	35	147
	Dillgurke	17	71
	Dillschnitten, Kühne	40	167
	Dinkel	369	1545
	Dinkel, gemahlen	382	1599
!	Dissin-Fett, Homann	930	3893
!	Dissin-Fett, Homann, 1 EL	140	586
○	Dörrobst gemischt	269	1126
	Dörrobstkompott, 1 Portion	200	837
	Dörrzwetschgen, 6 Stück	90	377
V	Domango, 0,1 l	65	272
	Dominostein, 1 Stück	40	167
V	Donata, Donavit, 0,1 l	62	260
	Doornkaat, 2 cl	42	176
	Doppelkorn, 2 cl	44	184
!	Doppelrahm-Frischkäse (70%), 62,5 g	221	925
	Doppelwacholder, 2 cl	37	155
!	Dorahm (60%), 62,5 g	231	967
+	Dorsch	78	326
+	Dorsch, 200 g Einkauf	88	184
+	Dorsch getrocknet	361	1511
	Dorschrogen geräuchert	112	469
	Dosenmilch (10%), 1 TL	9	38
	Dosenmilch (7,5%), 1 TL	7	29
○	Doughnut, 1 Stück	200	837
	Drops, 1 Stück	20	84
	Dubonnet, 5 cl	60	251

E

	Eclair, 1 Stück	140	586
	Edamer (45%)	417	1746
	Edamer (40%)	339	1419
	Edamer (30%)	280	1172
+	Edamer (10%)	133	557
	Edelkastanie	211	883
	Edelkastanie, 500 g Einkauf	844	3533
!	Edelpilzkäse (50%)	413	1729
	Eggnogg, 0,1 l	280	1172
+	Egli	89	372
+	Egli, 200 g Einkauf	72	301
	Ei, 1 Stück	87	364
!	Ei, Gelb (1 Ei)	69	289
+	Ei, Weiß (1 Ei)	18	75
	Ei, Rühr-, 1 Portion	250	1046
	Ei, Rühr-, mit Schinken, 1 Portion	450	1884
	Eier, Spiegel-, 2 Stück	250	1046
	Eier, Spiegel-, auf Speck, 1 Portion	380	1591

Eier, Russische, 1 Portion	400	1674
Eier, Verlorene, 1 Portion	225	942
Eierbackerbsen	220	921
Eierfritatten, 1 Stück	200	837
Eierfrucht	25	105
Eierfrucht, 500 g Einkauf	106	444
Eiergrog, 0,2 l	300	1256
Eierkuchen, 1 Stück	200	837
Eierlikör, 2 cl	50	209
Eiermuschelsuppe, 1 Teller	59	247
Eiernudelsuppe, 1 Teller	55	230
Eierpfannkuchen, 1 Stück	200	837
Eiersalat, 1 Portion	350	1465
Eierschwammerl	23	96
Eierschwammerl, 500 g Einkauf	70	293
Eierschwammerl (Dose)	34	142
Eierstich, 1 Portion	45	188
O + Eierteigwaren	390	1632
O + Eierteigwaren, Beilage, 1 Portion	234	980
Einbrennsuppe, 1 Teller	100	419
Einmachhilfe, Dr. Oetker, 2,5 g	10	42
Einspänner, 1 Tasse	43	180
Eipulver, gelb	714	2984
Eipulver, Vollei	613	2566
Eipulver, Vollei, 1 EL	36	151
Eipulver, Vollei, 1 TL	12	50
Eipulver, weiß	379	1586
Eis aus Pulver, Cassata, 1 Portion	256	1072
Eis aus Pulver, Frucht, 1 Portion	195	816
Eis aus Pulver, Schokolade, 1 Portion	242	1013
Eis aus Pulver, Vanille, 1 Portion	221	925
Eis, Brasiliana, Südmilch, 1 Stück	183	766
Eis, Brauner Bär, 1 Stück	159	666
Eis, Capri, 1 Stück	50	209
Eis, Capuccino, 1 Stück	170	712
Eis, Carnaby-Kirsch, 1 Stück	170	712
Eis, Cassata, Dr. Oetker, 1 Portion	256	1072
Eis, Cola Pop, 1 Stück	50	209
Eis, Conditos, Iglo, 1 Stück	188	787
Eis, Cornetto-, Erdbeer-, 1 Stück	160	670
Eis, Cornetto-, Nuß-, 1 Stück	215	900
Eis, Costa Rica Royal, 1 Becher	619	2591
Eis, Crocanto, 1 Stück	170	712
Eis, Diabetiker-Milch-, Langnese, 1 Becher	76	318
Eis, Diabetiker-Zitronen-, Dr. Oetker, 1 Becher	105	439
Eis, Diätbecher-, Südmilch, 1 Stück	87	364
Eis, Diät-Erdbeer-Cocktail, 1 Stück	88	368
Eis, Dolomiti, 1 Stück	62	260
Eis, Domino-, 1 Stück	135	565
Eis, Frucht-, 1 Kugel, 75 g	105	440
Eis, Haushaltspackung 500 ml	525	2198
Eis, Heidelbeer-Cocktail, 1 Becher	138	578

	Eis, Irish-Love, 1 Stück	174	728
	Eis, Jamaica Royal, Langnese, 1 Portion	170	712
	Eis, Jolly Vanille-, 1 Stück	40	167
	Eis, Milch-, 1 Kugel, 75 g	120	502
	Eis, Mohrle, Südmilch, 1 Stück	133	557
	Eis, Nugget, Südmilch, 1 Stück	194	812
	Eis, Nuß-Dessert-, Dr. Oetker, 1 Stück	145	607
	Eis, Orange-Stilzchen, Südmilch, 1 Stück	40	167
	Eis, Regina Austria, Langnese, 1000 g	1350	5651
	Eis, Sahne-, 1 Kugel, 75 g	150	628
	Eis, Schokolade-, 1 Kugel, 75 g	200	837
	Eis, Sandwich, Südmilch, 1 Stück	76	318
	Eis, Sansibar, Südmilch, 1 Stück	105	440
	Eis, Schwarzwald Royal, Langnese, 1 Becher	628	2629
	Eis, Soft-, Frucht, 1 Portion	50	209
	Eis, Soft-, Milch, 1 Portion	70	293
	Eis, Tahiti Royal, Langnese, 1 Becher	583	2440
	Eis, Vanille-, 1 Kugel, 75 g	150	628
	Eis, Vienna Royal, Langnese, 1 Becher	756	3165
	Eisbecher mit Sahne	350	1465
+!	Eisbein, hinteres	347	1453
+!	Eisbein, hinteres, 1000 g Einkauf	2672	11185
+!	Eisbein, vorderes	287	1201
+!	Eisbein, vorderes, 1000 g Einkauf	1330	5567
V	Eisbergsalat	15	63
V	Eisbergsalat, 1 Portion	120	502
	Eisbombe, Südmilch, 1 Stück	947	3964
	Eisbonbon, 1 Stück	20	84
	Eiscreme-Soda, 1 Portion	415	1737
	Eiskaffee, Berliner, 1 Portion	160	670
	Eiskaffee, Wiener, 1 Portion	260	1088
	Eiskrem, Berry, 1 Stück	40	167
	Eiskremkonfekt, 1 Stück	25	105
	Eiskremrolle Princess, 1 Stück	750	3140
	Eislikörkonfekt, 1 Stück	27	113
	Eisschokolade, 1 Portion	240	1005
	Eistörtchen, Südmilch, 1 Stück	122	511
	Eistorte Comtessa, 1 Stück	1200	5023
	Eiswaffel, 1 Stück	25	105
	Eiswaffeltüte, 1 Stück	40	167
+	Elch	130	544
+	Elch, 1000 g Einkauf	985	4123
	Elisen-Lebkuchen, 1 Stück	90	377
!	Emmentaler (45%)	417	1746
!	Emmentaler-Scheibletten (45%)	320	1340
!	Emmentaler-Scheibletten (45%), 1 Stück	64	268
!	Emmentaler-Schmelzkäse (45%), Kraft	300	1256
V	Endiviensalat	17	71
V	Endiviensalat, 1000 g Einkauf	132	553
	Endiviensalat, 1 Portion	120	502

○	Englischer Kuchen, 1 Scheibe	300	1256
	Ente	243	1017
	Ente, 1000 g Einkauf	1944	8138
	Entenbraten, 1 Portion	500	2093
	Entenei, 1 Stück	100	419
+	Entenleber	147	615
+	Entrecôte	126	527
+	Entrecôte double, 1 Portion	500	2093
+	Entrecôte simple, 1 Portion	270	1130
○	Epifin	367	1636
○	Epifin, 1 TL	18	75
V	Erbsen grün	87	364
V	Erbsen grün, 500 g Einkauf	174	728
V	Erbsen grün (Dose)	66	276
V	Erbsen grün, TK	93	389
+○	Erbsen, Hülsenfrucht	370	1549
	Erbsen und Karotten (Dose)	48	201
	Erbsen und Karotten, TK, 1 Portion ... i.D.	80	335
	Erbsengericht, F, Sonnen, 1 Portion	350	1465
	Erbsensuppe, Maggi, 1 Teller	68	285
	Erbsensuppe, Suppen-Drink, 1 Tasse	50	209
	Erbsentopf, F, Jokisch, 1 Portion	448	1875
	Erbsentopf, Altdeutscher, Maggi, 1 Portion	202	846
	Erbsenpüree, 1 Portion	320	1340
	Erbsenpüree, Pfanni, 1 Portion	155	649
	Erbstopf (Dose), F, Knorr, 1/2 Dose	378	1582
	Erbswurst gelb mit Speck, 1 Teller	74	310
	Erbswurst grün mit Schinken, 1 Teller	75	314
	Erdapfel	87	364
	Erdapfel, 1000 g Einkauf	696	2913
	Erdartischocke	79	331
	Erdartischocke, 500 g Einkauf	272	1139
	Erdbeer, Lunetta-Dessert	101	423
	Erdbeerbowle, 0,25 l	250	1047
	Erdbeercreme, Gervais-Danone	131	548
V	Erdbeeren	37	155
V	Erdbeeren, 500 g Einkauf	180	753
	Erdbeeren (Dose)	86	360
	Erdbeeren (Dose), Sionon	43	180
	Erdbeeren, TK gezuckert	110	460
	Erdbeeren mit flüssiger Sahne, 1 Portion	230	963
	Erdbeeren mit Schlagsahne, 1 Portion	170	712
	Erdbeerflip, 1 Portion	410	1716
	Erdbeerfrappé, 1 Portion	245	1026
	Erdbeerfrappé, Dr. Oetker, 75 g	88	368
	Erdbeer-Kaltschale instant, Knorr, 1 Teller	178	745
	Erdbeer-Kaltschale instant, Dr. Oetker, 1 Teller	185	774
○	Erdbeerkonfitüre	260	1088
○	1 TL	40	167
	Erdbeerkonfitüre, kalo-arm	130	544
	Erdbeermuttersaft, Vitaborn, 0,1 l	24	100
	Erdbeer-Quarkfein, 1 Portion	170	712
	Erdbeersorbet, 1 Portion	460	1926

	Erdbeertorte mit Sahne, 1 Stück	180	753
	Erdbeertörtchen, 1 Stück	150	628
	Erdnüsse mit Schale	579	2424
+!	Erdnußkerne	650	2721
+!	Erdnußkerne, 8 Stück	98	410
+!	Erdnußbutter	581	2432
+!	Erdnußcreme, Käpt'n Nuß	610	2553
+!	Erdnußcreme, Käpt'n Nuß, 1 TL	63	264
	Erdnußflips, Bahlsen	530	2219
	Erdnußflips, Bahlsen, 1 EL	20	84
+!	Erdnußmus, grano Vita	670	2805
V	Escarol	17	71
V	Escarol, 500 g Einkauf	66	276
	Escorial, 2 cl	80	335
	Eselsmilch, 0,25 l	150	628
	Espresso	0	0
	Espresso mit Zucker, 1 Tasse	35	147
	Esromkäse (45 %)	300	1256
	Eßkastanien	211	883
	Eßkastanien, 500 g Einkauf	844	3533
	Estragon gehackt, 1 EL	1	4
	Euter	234	979
	Exquisit-Pastete, Tartex, 25 g	75	314
	Extrawurst	329	1377

F

○	Fadennudeln gekocht (= 30 g roh)	117	490
○	Fadennudeln roh (= 350 g gek.)	390	1633
	Falscher Hase, 1 Portion	470	1967
	Faltenmorchel	27	113
+	Fasan	143	599
+	Fasan, 1000 g Einkauf	1100	4605
	Faschiertes gemischt	210	879
	Fastnachtskrapfen, 1 Stück	220	921
+	FdH-Schlankheitshappen, 1 Stück	37	155
V	Federkohl	33	138
V	Federkohl, 500 g Einkauf	102	427
V	Federkohl, 1 Portion	130	544
V	Feigen frisch	73	306
V	Feigen frisch, 1 Stück	30	126
○	Feigen getrocknet	272	1139
○	Feigen getrocknet, 1 Stück	45	188
	Feigenkaktus (Dose)	56	234
+	Felchen	108	452
+	Felchen, 200 g Einkauf	146	611
V	Feldsalat	22	92
V	Fenchel	50	209
V	Fenchel, 500 g Einkauf	232	971
	Fenchelgemüse, 1 Portion	100	419
	Fertigpudding siehe einzelne Sorten		
	Fett siehe einzelne Sorten und Butter, Margarine, Öl		
	Feuerzangenbowle, 0,25 l	400	1674
+	Filet, Kalbs-	106	444
+	Filet, Rinder-	126	527
+	Filet, Schweine-	176	737
	Filet Wellington, 1 Portion	700	2930
V	Finocchio	50	209
V	Finocchio, 500 g Einkauf	232	971
	Fische siehe einzelne Arten		
	Fischfilet, paniert gebraten,		

	Goldbarsch, Rotbarsch, 1 Portion	360	1507
	Fischfilet, Kabeljau, paniert gebraten, 1 Portion	300	1256
	Fischfilet, Seelachs, paniert gebraten, 1 Portion	320	1340
	Fischfrikadelle, 1 Stück	110	460
	Fischfrikadelle, TK, 1 Stück	70	293
	Fischstäbchen, TK, 5 Stück	303	1268
	Fischstäbchen fritiert, TK, 5 Stück	333	1394
V	Fisolen grün (s. auch Bohnen)	33	138
V	Fisolen grün, 500 g Einkauf	157	657
	Fisolen (Dose)	23	96
	Flädlesuppe, 1 Teller	100	419
	Flair-Dessert, 1 Portion	240	1005
	Flana-Pudding, 1 Portion	149	624
!	Fleckhering	232	971
	Fleischbrühe gekörnt, 0,25 l	7	29
	Fleischbrühe, Würfel, 0,25 l	10	42
+	Fleischextrakt, 1 TL	15	63
	Fleisch siehe einzelne Tierarten		
	Fleischkäse	270	1130
	Fleischkäse, 1 Portion	400	1674
+	Fleischkäse, Truthahn-	170	712
	Fleischklößchen in Tomaten-Rahmsoße, TK, 1 Stück	58	243
	Fleischklößchensuppe, 1 Teller	56	234
	Fleischkonserven, Rind-	223	933

	Fleischlaibchen, 1 Stück	275	1151
!	Fleischpastete	381	1595
+	Fleischpastete, Geflügel-	171	716
+	Fleischpastete, Truthahn-, Gutfried	163	682
	Fleischpastete, Württembergische, Hoffart-Vertrieb	220	921
	Fleischpfanzl, 1 Stück	275	1151
	Fleisch-Plätzli, TK, 1 Stück	75	314
!	Fleischrotwurst	400	1674
!	Fleischsalat ... i.D.	360	1507
	Fleischsuppe, 1 Teller	22	92
	Fleischsuppe instant, F, 1 Teller	14	59
	Fleischsuppe instant, F, 1 Tasse	10	42
	Fleischsuppe, Klare, F, 1 Tasse	11	46
	Fleischsuppe, Klare, F, 1 Teller	15	63
	Fleischsuppe, Knorrox, 1 Teller	16	67
!	Fleischwurst	315	1319
+	Fleischwurst, Geflügel-	243	1017
	Fliederbeeren	46	193
	Fliederbeersaft ungesüßt, 0,2 l	80	335
	Florida-Boy, 0,2 l	91	381
	Floridasalat, Kühne, 1 Portion	78	327
+	Flunder	79	331
+	Flunder, 200 g Einkauf	71	297
+	Flunder geräuchert	121	507
+	Flunder geräuchert, 100 g Einkauf	94	393
+	Flußkrebs	71	297
+	Flußkrebs, 500 g Einkauf	82	343

+	Flußkrebs, 1 Stück	30	126
+	Fogosch	94	393
+	Fogosch, 200 g Einkauf	92	385
!	Foie de canard, Pâté de, 1 EL	65	272
!	Foie d'oie, Pâté de, 1 EL	65	272
!	Foie gras, 1 Scheibe	250	1047
!	Foie gras au naturel, 1 Scheibe	250	1047
!	Foie gras, Bloc, 1 Scheibe	200	837
!	Foie gras, Mousse de, 1 EL	80	335
○	Fondantwürfel, 1 Stück	55	230
	Fondor, ½ TL	3	13
	Fondor, 1 Würfel	8	33
	Fondue chinoise, 1 Portion	500	2093
	Fondue fixfertig, Migro, 1 Portion mit Brot	627	2625
	Fondue, Fleisch-, 1 Portion mit Saucen	850	3558
	Fondue, Käse-, 1 Portion mit Brot	1200	5023
	Fondue, Käse-, F, Gerber, 1 Portion mit Brot	900	3767
+	Forelle	112	469
+	Forelle, 200 g Einkauf	116	486
+	Forelle geräuchert	128	565
+	Forelle, Dr. Oetker TK, 1 Stück	90	377
	Framboise, 2 cl	65	272
	Frankfurter Kranz, B, Dr. Oetker, 1 Stück	290	1214
	Frankfurter Kranz, B, Kraft, 1 Stück	244	1021
	Frankfurter Würstchen	258	1080
!	Freiburger Vacherin (50%)	365	1528
	French Dressing, Kraft	310	1298
	French Dressing, Kraft, 1 EL	62	259
+	Friesenkrabben, Dose oder TK	103	431
	Frikadelle, 1 Stück	275	1151
+	Frische Käsecreme (20%), Chambourcy	100	419
+	Frischette (20%), Adler	125	523
+	Frischling	113	473
+	Frischling, 1000 g Einkauf	883	3696
○	Fritatten, 1 Stück i.D.	200	837
	Fritattensuppe, 1 Teller	100	419
+	Froschschenkel, 4 Stück	78	326
	Frucht-Cocktail, Libby, 1 Portion	92	385
	Fruchtdrops, 1 Stück	20	84
○	Fruchtgummi	325	1360
○	Fruchtgummi, 1 Stück	14	59
	Fruchtnektare, 0,2 l	130	544
V	Fruchtnektare, Dietina, 0,1 l	20	85
	Fruchtpudding, Elite, 125 g	91	381
	Fruchtquark, Elite, 125 g	130	544
	Fruchtsäfte siehe auch einzelne Sorten		
V	Fruchtsäfte gesüßt, 0,2 l	101	423
V	Fruchtsäfte mit Süßstoff, 0,2 l i.D.	80	335
V	Fruchtsäfte ungesüßt, 0,2 l i.D.	80	335
V	Fruchtsaftgetränke, 0,2 l i.D.	90	377

	Fruchtsaftliköre 2 cl .... i.D.	66	272
	Fruchtschnitten, Ananas, Orange, Haselnuß, grano Vita	479	2005
	Fruchtschnitten, Sanddorn, grano Vita	347	1453
	Fruchtschnitten, Wildfrucht, grano Vita	440	1842
	Fruchtsirup, 1 EL .... i.D.	55	230
	Fruchtsuppen, Dr. Oetker, 1 Teller	127	532
O	Fruchttorte, Bahlsen, 1 Stück	450	1884
O	Fruchtzucker	433	1813
O	Fruchtzucker, 1 EL	65	272
O	Fruchtzucker, 1 TL	22	92
O	Fruchtzuckerbonbons	390	1632
O	Fruchtzuckerbonbon, 1 Stück	19	80
	Fruchtzuckerkonfitüren, kalo-arm, Rademann	130	544
O	Fruchtzuckerkonfitüren, Schneekoppe ..	193	808
O	Fruchtzucker-Pflaumenmus ..	190	795
O	Fruchtzuckerschokolade, Edelbitter	545	2281
O	Fruchtzuckerschokolade, Noisette	603	2524
O	Fruchtzuckerschokolade, Vollmilch	566	2369
	Früchtebrot	350	1465
	Früchtebrot, 1 Scheibe ... i.D.	120	502
	Früchtemüsli, Schneekoppe ..	380	1591
	Früchtemüsli, 3 EL, Schneekoppe ..	120	502
V	Früchte-Vita-Brei, 1 Mahlzeit	122	511
	Frühlingsrolle, Dr. Oetker TK, 1 Stück	265	1109
	Frühlingsrolle, Riesen-, Dr. Oetker TK, 1 Stück	320	1340
	Frühlingsrolle, Iglo TK, 1 Stück	206	862
	Frühlingssuppe, Iglo TK, 1 Teller	62	260
	Frühlingszwiebeln .	38	159
	Frühstücksflocken mit Bits, Knorr	400	1674
	Frühstücksflocken mit Bits, Knorr, 2 EL	80	335
	Frühstücksfleisch	313	1310
!	Frühstücksspeck gekocht	611	2558
	Frühstücksspeck kroß gebraten ..	330	1381
!	Frühstücksspeck roh	665	2784
	Frutin, 1 TL	20	84

G

	Galetta-Pudding, 1 Portion .... i.D.	164	687
!	Gans	370	1549
!	Gans, 1000 g Einkauf	2293	9598
	Gänsebraten, 1 Portion	600	2512
	Gänseklein, 1 Portion	600	2512
	Gänseleber	184	770
!	Gänseleber, Stopf-	500	2093
!	Gänseleber, Straßburger (100 %)	500	2093

!	Gänseleber, Straßburger (100%), 1 EL	100	419
!	Gänselebercreme (50%)	400	1674
!	Gänselebercreme (50%), 1 EL	80	335
!	Gänseleberterrine (75%)	400	1674
!	Gänseleberterrine (75%), 1 EL	80	335
!	Gänseschmalz	930	3893
!	Gänseschmalz, 1 EL	140	586
	Gärtner-Suppentopf, Jokisch, ½ Dose	339	1419
+	Gamsrücken	110	460
O+	Garbanzos	368	1540
+	Garnelen	103	431
	Gartenkräuterdressing, 1 EL	35	146
V	Gartenkresse	46	193
V	Gartenkresse, 1 Kästchen	7	29
	Gartenmelde	48	201
+	Gazellenfleisch	114	477
	Gazpacho, 1 Portion	190	795
	Gebäck siehe einzelne Sorten, auch Diät- und Diabetiker-		
	Gebirgsenzian, 2 cl	55	230
	Gefilte Fisch, 1 Dose, 125 g	75	314
	Geflügel, Erbsen, Karotten, F, Rademann, 340 g	282	1180
	Geflügelcremesuppe, Knorr, 1 Teller	54	226
	Geflügel-Gutswurst, Schloß Stetten	166	695
	Geflügelhappen in Weinaspik, Meinecke	85	356
	Geflügelleberpastete (Tube), Hipp	300	1256
	Geflügelsalat, 1 Portion i.D.	350	1465
	Geflügelwurst	243	1017
	Gefrorenes siehe Eis		
!	Geheimratskäse (45%)	417	1746
+	Gelatine, 1 Blatt	7	29
+	Gelatine gemahlen, 1 Päckchen	34	142
V	Gelbe Rüben	35	147
V	Gelbe Rüben, 1000 g Einkauf	290	1214
	Gelbwurst	364	1524
+	Gelbwurst, Truthahn-, Gutfried	178	745
	Gelee siehe einzelne Sorten		
	Geleewürfel, 1 Stück	50	209
	Gelierpulver, Opekta, 10 g	29	121
	Gemüse siehe einzelne Sorten		
V	Gemüse milchsauer, Eden	16	67
	Gemüseeintopf, 1 Portion i.D.	400	1674
	Gemüseeintopf, Knorr, 1 Portion	240	1005
	Gemüseeintopf, Maggi, 1 Teller	130	544
	Gemüsekonserven (außer Erbsen) i.D.	24	100
	Gemüsepfanne, Französische, TK, 1 Portion	123	515
V	Gemüsesäfte, 0,2 l i.D.	60	251
V	Gemüsesaft, Granini, 0,2 l	50	209
	Gemüsesuppe, Italienische, Knorr, 1 Teller	74	310

	Gemüsesuppe, Italienische, Maggi, 1 Teller	80	335
	Gemüsetopf, Bunter, Maggi-Quick, 1 Portion	120	502
	Genever, 2 cl	65	272
	Germ siehe auch Hefe		
	Germ, Bäcker-, 20 g	20	84
○	Gerste entspelzt	370	1549
○	Gerstengrütze	368	1540
○	Gerstengrütze, 1 EL	74	310
	Gerstenkaffee, 1 Tasse	3	13
○	Gerstenmehl	369	1545
!	Gervais 8er (55%), 15 g	45	188
!	Gervais-Rahmfrischkäse (56%), 62,5 g	163	682
+	Gervais-Kräutergarten, 125 g	168	703
+	Gervais-Obstgarten, 125 g	200	837
!	Geselchtes fett	360	1507
	Geselchtes mager	264	1105
	Gewürze	0	0
	Gewürzgurke	15	63
	Gewürzkuchen, B, Kraft, 1 Stück	203	850
	Gewürzmischungen, 1 TL	3	13
	Gin, 2 cl	65	272
	Gin Fizz (5 cl Gin), 0,2 l	195	816
	Gin-Tonic (2 cl Gin), 0,2 l	140	586
	Gin-Tonic slimline (2 cl Gin), 0,2 l	70	293
	Ginger Ale, 0,2 l	56	234
+	Gitzi	154	645
+	Gitzi, 1000 g Einkauf	1250	5233
	Glace, Brombeere, Migro, 1 Becher	124	519
	Glace, Citron, Mandarine, Migro, 1 Becher	148	620
	Glace, Diplomat, Migro, 1 Becher	141	590
	Glace, Rahm-, Migro, 1 Portion	194	812
	Glace, Schwarzwälder, Migro, 1 Portion	232	971
	Glace, Vanille, Migro, 1 Portion	194	812
	Glühwein, 0,2 l i.D.	195	816
	Glutamat, 1 TL	2	8
	Göttergeleespeise, Müller's, 1 Portion	67	280
	Götterspeise, Himbeeren, Gervais, 125 g	85	356
	Götterspeise, Waldmeister, Gervais, 125 g	85	356
	Götterspeise, Dr. Oetker, 125 g	79	331
	Götterspeise aus Geleepulver, Dr. Oetker, 1 Portion i.D.	113	473
	Götterspeise instant, Dr. Oetker, 1 Portion	100	419
!	Göttinger Wurst	440	1842
+	Goldbarsch, 200 g Einkauf	109	456
+	Goldbarschfilet	114	477
	Goldbarschfilet, paniert gebraten, 1 Portion	360	1509
	Goldbutt, Dr. Oetker TK, 1 Portion	208	871
!	Goldrom-Käse (50%)	361	1511
!	Gorgonzola (45%)	361	1511
+!	Gouda (45%)	401	1679
+	Gouda, deutscher, »Du darfst«	274	1147
	Gougère (Käsekuchen), 1 Stück	280	1172
	Goulasch siehe Gulasch		
V○	Graham-Vollkorn-Weizenmehl, Donath-Mühle	340	1423

V	Granadilla	92	385
V	Granatapfel	77	322
V	Grapefruit	32	134
V	Grapefruit, 1 Stück, 250 g Einkauf ..	56	234
V	Grapefruit, Aproz, 0,2 l	85	356
	Grapefruit, Minikal-, Aproz, 0,2 l	6	25
V	Grapefruitnektar, Dietina, 0,1 l	20	84
V	Grapefruitsaft, Banjo, 0,2 l	64	268
V	Grapefruitsaft gesüßt, 0,2 l	82	343
V	Grapefruitsaft ungesüßt (Dose), 0,2 l	54	226
	Graupen	370	1549
	Graupen, 1 EL	74	310
V	Grenadillasaft, Dr. Steinberger, 0,2 l	26	109
!	Greyerzer Käse (49%)	411	1720
	Grammeln	182	762
	Grieben	182	762
!	Griebenschmalz ..	940	3935
O	Grieß	370	1549
O	Grieß, 1 EL	48	201
O	Grießbrei, 1 Teller	330	1381
O	Grießbrei, Alete, 0,2 l	195	816
O	Grießflammerie, 1 Portion	350	1465
	Grießklößchen, 1 Stück	50	209
	Grießnockerl, 1 Stück	50	209
!O	Grießschmarren, 1 Portion	840	3516
	Grieß-Vita-Brei, 1 Mahlzeit	111	465
	Grill-Relishes, Hengstenberg, 1 EL	19	80
	Grillsauce, Kraft, 1 EL	25	105
	Grog (4 cl Rum, 2 Stück Zucker) ..	180	753
O	Grünkern	369	1545
O	Grünkern, 1 EL ...	74	310
O	Grünkernmehl ...	382	1599
V	Grünkohl	46	193
V	Grünkohl, 1000 g Einkauf .	234	980
V	Grünkohl, Dr. Oetker TK ...	46	193
	Grünkohl mit Kasseler, 1 Portion	870	3642
	Grünkohl mit Pinkel, 1 Port. ..	1200	5023
OV	Grütze, Buchweizen- ...	361	1511
OV	Grütze, Buchweizen-, 1 EL ..	72	301
O	Grütze, Gersten- .	368	1540
O	Grütze, Gersten-, 1 EL	73	306
O	Grütze, Hafer-	399	1670
O	Grütze, Hafer-, 1 EL	80	335
	Grützwurst	212	887
	Guava-Jelly, 1 EL .	50	209
V	Guave	58	243
	Güggeli siehe Hähnchen		
O	Guglhupf, 1 Stück	215	900
	Guinness, England, ½ pint	94	393
	Guinness, Übersee, 0,33 l .	216	904
	Gulasch, TK, 1 Portion	300	1256
	Gulasch, Kalbs-, 1 Portion	400	1674
	Gulasch, Rinder-, 1 Portion	450	1884
	Gulasch, Schweine-, 1 Portion	750	3140
	Gulasch, Soja-, grano Vita, 1 Portion	296	1239
	Gulasch, Soja-, Tartex, 1 Portion	320	1340
	Gulasch, Szegediner, 1 Portion	480	2009
	Gulasch, Szegediner, Hipp, F, 1 Portion	243	1017

	Gulasch, Ungarisch, TK 1 Portion	275	1151
	Gulasch, vegetarisches, Tartex, F, 1 Portion	180	753
	Gulasch,-Wild-, 1 Portion .... i.D.	370	1549
	Gulasch-fix, für 1 Portion	50	209
	Gulaschsoße, Delikateß-, 1 EL	9	38
	Gulaschsuppe, (Beutel), 1 Teller	75	314
	Gulaschsuppen (Dose), F, Teller	150	628
○	Gummibären	325	1360
	Gummibären, 5 Stück	20	84
	Gurke	10	42
	Gurke, 500 g Einkauf	36	151
	Gurke, süß-sauer	40	167
	Gurken, Dill-, milchsauer	6	25
	Gurken, Salz-	4	17
	Gurken, Salz-Dill-	4	17
	Gurken, Senf-	17	71
	Gurken, Zucker-	112	469
	Gurkensalat mit Sahne, 1 Portion ... i.D.	112	469
	Gurkensticks	14	59
	Gurkentaler,	40	167
○	Gustin	367	1536
○	Gustin, 1 TL	18	75
	Gutsel, 1 Stück	20	84

H

+	Hack, Beefsteak-	126	527
	Hackbraten (Dose), Migro, 1 Portion	238	996
	Hackbraten mit Sauce, 1 Portion	410	1716
!	Hackepeter	360	1507
	Hackfleisch gemischt	210	879
	Hackfleisch-fix, für 1 Portion	75	314
	Hacksteak, Gutshof-, TK, 1 Stück	243	1017
	Hacksteak, Hamburger, TK, 1 Stück	326	1365
	Hacksteak, Knusper-, TK, 1 Stück	276	1155
	Hacksteak, Minuten-, »Gutshof Art«, Dr. Oetker, 1 Folie	330	1381
	Hacksteak, Minuten-, Hamburger Art, 1 Folie	440	1842
	Hacksteak, Rahm-, in Gärtnersauce, Dr. Oetker TK, 1 Stück	278	1164
	Hacksteak, Würz-, Iglo TK, 1 Stück	334	1398
+	Hähnchen	144	603
+	Hähnchen, 1000 g Einkauf	1066	4462
+	Hähnchen, gegrillt, ½ Stück	300	1256
+	Hähnchen, Brat-, Schenkel. Wiesenhof TK	120	502
+	Hähnchenbrust	109	456
+	Hähnchenbrust, 500 g Einkauf	393	1645
+	Hähnchenbrustfilet, Dr. Oetker TK, 1 Portion	145	607
	Hähnchenbürzel	144	603
	Hähnchen Cordon bleu, Dr. Oetker TK, 1 Portion	275	1151
	Hähnchenhälse	112	469
	Hähnchenherzen	137	573
+	Hähnchenkeule	120	502

+	Hähnchenkeule, 500 g Einkauf	450	1884
	Hähnchenleber	147	615
V	Häuptelsalat	16	67
O	Hafer entspelzt	387	1620
O	Haferflocken	402	1683
O	Haferflocken, 1 EL	40	167
O	Haferflocken instant, Kölln	403	1687
O V	Hafergrütze	399	1670
O V	Hafergrütze, 1 EL	80	335
O V	Hafermehl	410	1716
O V	Hafermehl, 1 EL	82	343
V	Hagebutten	102	427
	Hagebutte, Diätfrucht, Vitaborn, 0,1 l	63	264
	Hagebuttenmarmelade	254	1063
	Haifisch in Öl (Dose)	170	712
+	Haifischsteak	85	356
	Halbarine	366	1532
	Halbarine, 1 EL	55	230
	Halberstädter Würstchen, 1 Stück	130	544
	Halbsofett Champignon	393	1645
	Halve Hahn, 1 Stück	340	1423
!O	Halwa	620	2595
	Hamburger mit Brötchen, 1 Stück	260	1088
	Ham and Eggs, 1 Portion	370	1549
!	Hamburger Aalsuppe, 1 Portion	700	2930
	Hammel siehe Lamm, Schaf		
	Handkäs mit Musik, 1 Portion	230	963
+	Handkäse, Bauern- (10 %)	192	804
	Happy Day, Gebäck	515	2156
!	Hartwurst	523	2189
+	Harzer Käse (10 %), 50 g	96	402
+	Hase	124	520
+	Hase, 1000 g Einkauf	992	4153
	Hasenpfeffer, 1 Portion	320	1340
+	Hasenrücken, 1 Portion	200	837
+	Haselhuhn	111	465
!	Haselnüsse	694	2905
!	Haselnüsse mit Schale, 1000 g Einkauf	2916	2206
!	Haselnüsse 10 Kerne	105	440
!	Haselnüsse gerieben, 1 TL	35	146
O	Haselnußkuchen, Kraft, 1 Stück	196	820
	Haselnußmus	715	2993
	Hawaii-Gurken, Appel	35	147
+	Hecht	89	373
+	Hecht, 200 g Einkauf	98	410
V	Hefe, Bäcker-, 1 Würfel	40	84
V +	Hefe, Bier-, 1 EL	34	142
V	Hefe, Edel-, Vitasan, 1 EL	17	71
V	Hefe, Nähr-, 1 EL	29	121
	Hefe, Trocken-, 1 Päckchen, 7 g	26	109
	Hefeklöße, Dr. Oetker TK, 1 Stück	282	1180
	Hefeteilchen mit Guß, 1 Stück	140	586
O	Hefezopf, 1 Scheibe	250	1047
V	Heidelbeeren	62	259
	Heidelbeeren gezuckert, TK	112	469
V	Heidelbeerfruchttrunk, Jango, 0,2 l	160	670
	Heidelbeerkompott, 1 Portion	130	544
V	Heidelbeersaft, Donath, 0,2 l	126	527
	Heidelbeer-Saucette, Kraft, 1 EL	40	167

V	Heidelbeer-süßmost, Donath, 0,2 l	144	603
V	Heidelbeer-vollfrucht, Donath, 1 EL	53	222
○	Heidemehl	369	1545
!○	Heidesand, 1 Stück	85	356
+	Heilbutt	110	460
+	Heilbutt, 200 g Einkauf	176	737
	Heilbutt gegrillt, 1 Portion	320	1340
+	Heilbutt geräuchert	238	996
+	Heilbutt geräuchert, 100 g Einkauf	181	758
	Helle Soße instant, 1 EL	9	38
	Hering grün, 1 Stück	160	670
	Hering grün, Ostsee, 1 Stück	109	456
	Hering in Gelee	176	737
	Hering mariniert	214	896
!	Hering, Bismarck-	225	942
!	Hering, Bismarck-, 1 Stück, 125 g	267	1118
!	Hering, Bismarck-, 1 Filet, 60 g	135	565
!	Hering, Brat-, 1 Stück, 150 g	320	1340
!	Hering, Fleck-	232	971
	Hering, Matjesfilet, 1 Stück, 80 g	230	963
	Hering, Salz-	233	975
	Hering, Salz-, 200 g Einkauf	200	837
!	Heringsfilet	255	1067
	Heringsfilet in Tomatensauce	217	908
	Herrenpilz	34	142
	Herrenpilz, 500 g Einkauf	135	565
+	Herz, Kalbs-	129	540
+	Herz, Lamm-	162	678
+	Herz, Rinder-	133	557
+	Herz, Schweine-	122	511
+	Herzmuschel-fleisch	35	146
+	Heuschrecken getrocknet	160	670
V	Himbeeren	40	167
	Himbeeren gezuckert, TK	111	465
	Himbeergeist, 2 cl	47	197
○	Himbeerkonfitüre	271	1134
	Himbeerkonfitüre, kalo-arm, Lihn	130	544
	Himbeerkuchen, 1 Stück	100	419
	Himbeermutter-saft, Vitaborn, 0,1 l	37	155
	Himbeerpudding, Lünebest, 125 g	105	440
	Himbeer-Saucette, Kraft, 1 EL	40	167
○	Himbeersirup, 1 EL	40	167
	Himbeerwasser (2 EL Sirup)	80	335
	Himmel und Erde, 1 Portion i.D.	890	3726
	Hirn, Kalbs-	128	536
	Hirn, Rinder-	137	573
	Hirn, Schweine-	132	553
	Hirn in brauner Butter, 1 Portion	480	2009
	Hirn mit Remouladensauce, 1 Portion	660	2763
	Hirnwurst	364	1524
+	Hirsch	123	515
+	Hirsch, 500 g Einkauf	486	2034
+	Hirschbraten, Iglo TK, 1 Portion	245	1026
	Hirschgulasch, Dr. Oetker TK, 1 Portion	265	1109
	Hirschhornsalz	0	0
○	Hirse	336	1406
○	Hirsemehl	332	1390
!	Hobelkäse, Schweizer (50 %)	488	2043
○	Hörnchen, 1 Stück	140	586

O	Hörnchen, B. Pillsbury, 1 Stück	120	502
	Holländer-Erdbeer, Danone, 125 g ..	168	703
	Holländer-Scheibletten, 1 Stück	66	276
	Holländische Soße, Maggi, 1 EL	15	63
	Hollandaise, 1 EL i.D.	110	460
V	Holunderbeeren ..	46	193
	Holunderbeeren, 500 g Einkauf ..	161	674
	Holunderbeer-muttersaft, Vitaborn, 0,1 l ..	19	80
	Holunderbeersaft, 0,2 l	80	335
	Hongkong-Suppe, Meinecke, 1 Portion	56	234
O	Honig	305	1277
O	Honig, 1 TL	30	126
O	Honigkuchen	348	1457
	Honigmelone	26	109
	Honigschleim, Alete, 0,1 l	95	398
O	Honig-Smacks, Kellogg's	371	1553
	Hopjes, 1 Stück ...	21	88
O	Hot Dog, 1 Stück	480	2009
	Hot Ketchup, 1 EL	35	146
+	Huchen	217	908
!	Hühnerfett	947	3964
	Hühnerhälse	144	603
	Hühnersuppe, Klare, instant, 1 Teller	24	100
	Hühnersuppe mit Eierfideli, 1 Teller	60	251
	Hühnersuppe mit Nudeln, Maggi, 1 Teller	61	255
	Hühnersuppe mit Nudeln, Suppen-Drink, Maggi, 1 Tasse	14	59
	Hühnersuppe mit Reis, Knorr, 1 Teller	53	222
+	Hühnertopf, Altdeutscher (Dose), Hipp, 1 Portion	116	486
O +	Hülsenfrüchte	360	1507
+	Hüttenkäse (20 %), 1 Becher, 200 g .	206	862
	Huhn, Brat-	144	603
	Huhn, Brat-, 1000 g Einkauf .	1066	4462
	Huhn, Suppen- ...	274	1147
	Huhn, Suppen-, 1000 g Einkauf .	2000	8372
	Huhn auf Reis, Currysauce, Studt, 1 Portion	353	1478
	Huhn in Reis und Erbsen, Hipp, 1 Portion	247	1034
	Humana-Heil-nahrung, 0,1 l ..	60	251
+	Hummer, ½ Stück .... i.D.	150	628
+	Hummerfleisch ...	89	373
	Hummersuppe, Jensen's, 1 Tasse	80	335
	Hustenbonbons, Sionon, 5 Stück	25	105

I

+	Indian (siehe auch Puter)	175	733
+	Indian, 1000 g Einkauf .	1277	5346
	Indianerkrapfen, 1 Stück	240	1005
	Indra-Likör, 2 cl ..	55	230
	Ingwer frisch	63	264
	Ingwer in Sirup ...	340	1423
	Ingwerstäbchen ..	200	837
O	Ingwertoffee	390	1632
	Innereien siehe einzelne Tierarten		
	Irish Whiskey (4 cl)	115	481

	Irish Coffee (4 cl Whisky), 1 Glas	200	837
	Italian Dressing, 1 EL	60	251
	Italienischer Salat, Homann	325	1360

J

+	Jacobsmuschelfleisch	72	301
	Jägerklößchen, TK, 1 Portion	300	1256
O	Jägerpfannkuchen, Maggi, 1 Portion	450	1884
O	Jägerravioli, Sonnen, 560 g	688	2880
	Jägersauce, Sonnen, 1 EL	10	42
	Jägersoße, Delikateß-, Maggi, 1 EL	9	38
	Jägersuppe, 1 Tasse	75	314
!	Jagdwurst	320	1339
+	Jagdwurst, Geflügel-	182	762
	Jagdwurst, Guts-, Hoffart-Vertrieb	230	963
	Jagdwurst, Kaiser-, Hoffart-Vertrieb	120	502
+	Jagdwurst, Wiltmann	175	733
O	Jahrmarktsmandeln	446	1867
	Jang-Kiang, TK, 1 Portion	105	440
	Japonais, Migro, 3 Stück	95	398
+	Jocca (20 %), 1 Schale, 200 g	220	921
+	Jocca (10 %) mit Frucht, 1 Schale, 200 g	250	1046
	Joghurt siehe auch einzelne Sorten		

+	Joghurt, Magerstufe, 1 Becher, 150 g	60	251
+	Joghurt, Magerstufe, 1 EL	12	50
!	Joghurt, Sanoghurt 1 Becher, 180 g	220	921
+	Joghurt, 3 % Vollmilch-, Danone, 1 Becher	100	419
	Joghurt, 3 % Vollmilch-, 1 Becher	112	469
	Joghurt, Vollmilch-, mit Frucht, 180 g	170	611
	Joghurt, Dessert mit Frucht, Danone, 1 Becher	125	523
	Joghurt fettarm mit Frucht, Chambourcy, 1 Becher	140	586
	Joghurt, Früchte-, Biowert	57	239
	Joghurt-Salatsauce, Livio, 1 EL	31	130
V	Johannisbeeren rot und weiß	37	155
V	Johannisbeeren schwarz	46	193
O	Johannisbeergelee	262	1097
V	Johannisbeersaft rot, 0,2 l	100	419
V	Johannisbeersaft schwarz, 0,2 l	110	460
V	Johannisbeersüßmost, 0,2 l	120	502
V	Johannisbeersüßmost, Stute, 0,2 l	50	209
V	Johannisbeersüßmost schwarz, Donath, 0,2 l	132	552
	Johannisbeerwein, 0,25 l	175	733
	Joia, Orangensaft, Konzentrat, 0,2 l	90	377
	Jungfernbraten, 1 Portion	550	2302

K

+	Kabeljau	78	326
+	Kabeljau, 200 g Einkauf	87	364
	Kabeljau mit Dillsauce, TK, 1 Portion	76	318
+	Kabeljaufilet, TK	78	326
	Kabeljaufilet, paniert gebraten, 1 Portion	300	1256
	Kabis	25	105
	Käse siehe einzelne Sorten		
	Käsefondue, 1 Portion mit Brot	1200	5023
O	Käsekuchen, B, Kraft, 1 Stück	244	1021
O	Käsetoast mit Schinken, 1 Stück	300	1256
O	Käsetoast mit Tomate, 1 Stück	230	963
	Kaffee	0	0
	Kaffee mit Kondensmilch, 1 Tasse	20	84
	Kaffee mit Kondensmilch und Zucker, 1 Tasse	60	251
	Kaffee mit 1 EL Milch + 1 TL Zucker, 1 Tasse	29	121
	Kaffeelikör, 2 cl	85	356
	Kaffeesahne (10%), 1 EL	13	54
	Kaffeesahne (10%), 1 TL	5	21
+	Kaiserfleisch, Redlefsen	159	666
O	Kaiserschmarren, 1 Portion	850	3558
!	Kakao	472	1976
	Kakao, Milch-, 1 Tasse, 0,25 l	195	816
	Kakaotrunk, 0,25 l	138	578
V	Kaki	88	368
	Kaktusfeige	56	234
+	Kalbfleisch in Schwarzwurzeln, Rademann, 340 g	262	1096
	Kalbfleisch mit Nudeln, Studt-Diät, 380 g	391	1637
	Kalbfleisch mit Nudeln in Rahmsauce, Hipp, 300 g	261	1094
+	Kalbfleisch, zarte Gemüse, Rademann, 340 g	275	1151
+	Kalbfleischbällchen, Wiltmann, 200 g	290	1214
+	Kalbfleischklößchen in Rahmgemüse, Hipp, 300 g	224	945
	Kalbsbraten, 1 Portion	250	1046
	Kalbsbraten in Sauce, Wiltmann, 200 g	290	1214
	Kalbsbratwurst	343	1436
+	Kalbsbries	108	452
+	Kalbsbrust	142	594
+	Kalbsbrust, 1000 g Einkauf	809	3386
	Kalbsbrust gefüllt, 1 Portion	595	2491
+	Kalbsfilet	106	444
+	Kalbsfilet, 500 g Einkauf	504	2110
	Kalbsfrikassee, 1 Portion	480	2009
	Kalbsfrikassee, Wiltmann, 200 g	250	1046
+	Kalbsfüße	106	444
+	Kalbsfüße, 1000 g Einkauf	685	2867
	Kalbsgeschnetzeltes, Zürcher, mit Rösti, 1 Portion	490	2051
+	Kalbshaxe	107	448
+	Kalbshaxe, 1000 g Einkauf	685	2867
	Kalbshaxe, 1 Portion	300	1256
	Kalbsherz	129	540
	Kalbshirn	128	536
	Kalbskäse	328	1373

+	Kalbskeule	106	444
+	Kalbskeule, 1000 g Einkauf	827	3462
+	Kalbskopf	150	628
+	Kalbskotelett	125	524
+	Kalbskotelett, 1000 g Einkauf	952	3985
+	Kalbsleber	143	599
	Kalbsleber, Berliner Art, 1 Portion	300	1256
	Kalbsleberpastete (Tube), Hipp	245	1026
!	Kalbsleberwurst	440	1842
	Kalbsleberwurst, Wiltmann	265	1109
	Kalbslunge	98	410
	Kalbslyoner	320	1339
	Kalbslyoner, Hoffart-Vertrieb	145	607
+	Kalbsmilch	108	452
+	Kalbsmilz	109	456
+	Kalbsnacken	150	628
+	Kalbsnacken, 1000 g Einkauf	1128	4722
	Kalbsniere	138	578
+	Kalbsnierenbraten	160	670
+	Kalbsschnitzel	108	452
+	Kalbsschnitzel natur, fritiert	130	544
+	Kalbsschnitzel natur, gebraten	180	753
	Kalbsschnitzel paniert, fritiert	200	837
	Kalbsschnitzel paniert, gebraten	270	1130
	Kalbsschulter	160	670
	Kalbsschulter, 1000 g Einkauf	1231	5153
+	Kalbsschweser	108	452
+	Kalbssteak, 1 Portion	230	963
	Kalbszunge	106	444
	Kalbszunge, 500 g Einkauf	408	1708
+	Kaldaunen, gekocht	97	406
	Kalte Ente, 0,2 l	180	753
	Kaltschalen, Frucht-, Knorr, 1 Teller i.D.	180	753
+	Kamtschatkakrabbe, TK oder Dose	95	398
	Kanarienmilch, 1 EL	50	209
○	Kandierte Früchte	335	1402
○	Kandiszucker	387	1620
○	Kandiszucker, 1 TL	58	243
+	Kaninchen	167	699
+	Kaninchen, 1000 g Einkauf	1319	5521
+	Kapaun	144	603
	Kapern, 1 EL	3	13
○	Karameldessert i.D.	100	419
	Karamelköpfli, Migro, 1 Becher	117	490
	Karamelpudding, Lünebest, 125 g	128	536
○	Karamellen	440	1842
○	Karamellen, 1 Stück	25	105
	Karfiol	28	117
	Karfiol, 1 kleiner Kopf, 500 g Einkauf	85	356
	Karöttlisalat, Appel	35	147
V	Karotten	35	147
V	Karotten, 1000 g Einkauf	289	1210
	Karottengemüse, 1 Portion	150	628
V	Karottensaft, 0,2 l	54	226
V	Karottensalat, Hengstenberg	34	142
V	Karottensalat, Homann	30	126
+	Karpfen	151	632
+	Karpfen, 1000 g Einkauf	830	3474
	Karpfen blau mit Butter, 1 Portion	550	2302
	Karpfen gebacken, 1 Portion	610	2553
+V	Kartoffeln	87	364
+V	Kartoffeln, 1000 g Einkauf	696	2913
	Kartoffeln, Trocken-	360	1507
	Kartoffeleintopfsuppe, Maggi, 1 Teller	120	502
V	Kartoffel in Folie, 200 g	138	603

	Kartoffel in Folie mit saurer Sahne	200	837
O	Kartoffelchip, 1 Stück	10	42
O	Kartoffelchips, 1 Tüte, 45 g	257	1076
	Kartoffel-Flockenpüree, 1 Portion	185	774
	Kartoffel-Flockenpüree, komplett, 1 Portion	105	440
	Kartoffelklöße gekocht	100	419
	Kartoffelklöße roh, 1 Stück	92	385
	Kartoffelklöße, Iglo TK, 1 Stück	98	410
	Kartoffelknödel halb + halb, 1 Stück	94	393
	Kartoffelknödel im Kochbeutel, Pfanni, 1 Stück	115	481
	Kartoffelkroketten fritiert, Pfanni, 1 Stück	46	193
	Kartoffelkroketten fritiert, Pfanni, 1 Portion	324	1356
	Kartoffeln, Brat-, mit Margarine, 1 Portion	300	1256
	Kartoffeln, Brat-, mit Öl, 1 Portion	330	1381
	Kartoffeln, Röst-, 1 Portion	300	1256
	Kartoffelpüree, ohne Milch, Knorr, 1 Portion	107	448
	Kartoffelpüree mit Milch, Pfanni, 1 Portion	115	477
	Kartoffelpuffer gebraten, Pfanni, 1 Stück	75	314
	Kartoffelpuffer gebraten, Pfanni, 1 Portion	528	2210
	Kartoffelpuffer gebraten, TK, 1 Stück	185	774
	Kartoffelsalat klar, 1 Portion	268	1122
	Kartoffelsalat mit Mayonnaise, 1 Portion	490	2051
O	Kartoffelstärkemehl	361	1511
O	Kartoffelstärkemehl, 1 EL	55	230
O	Kartoffelstärkemehl, 1 TL	18	75
	Kartoffelsuppe, Pfanni, 1 Teller	80	335
	Kartoffelsuppe mit Wurst, 1 Portion	610	2553
!+	Kaschkaval	346	1448
	Kaschu-Nüsse, Pittjes, 1 Päckchen	298	1247
!	Kasseler Rippchen fett	328	1373
	Kasseler Rippchen mager	260	1088
	Kasseler Rippchen mittelfett	272	1139
	Kasseler Rippenspeer mit Sauerkraut, 1 Portion	560	2344
	Katenrauchschinken	232	971
!	Katenrauchwurst	390	1632
!	Katenspeck	433	1812
+	Katfisch geräuchert	135	565
+	Katfisch geräuchert, 200 g Einkauf	218	913
	Katjes, 1 Beutel	163	682
	Katzenzunge, 1 Stück	30	126
	Kaugummi, 1 Streifen	7	29
+	Kaviar deutsch, 30 g	41	172
!+	Kaviar russisch, 30 g	84	352
V	Kefen	37	147
V	Kefen, 1000 g Einkauf	348	1447

+	Kefir, 1 Becher, 200 g	114	477
	Kekse siehe einzelne Sorten, auch Diät-		
	Kerbel	8	33
	Kerbelsuppe, 1 Teller	70	293
	Kerbelsuppe, Cenovis, 1 Teller	31	130
	Kernschinken, Westfälischer, Herta	222	929
	Ketchup, Curry-, Livio, 1 EL	29	121
	Ketchup, Curry-, Thomy, 1 EL	36	151
	Ketchup, Hot, 1 EL	35	147
	Ketchup, Onion-, 1 EL	30	126
	Ketchup, Tomaten-, 1 EL	25	105
O	Kichererbsen getrocknet	368	1540
O	Kidney-Beans (Dose)	118	494
+	Kieler Sprotten	153	640
+	Kieler Sprotte, 1 Stück	15	63
V	Kilofort, 1 TL	5	25
+	King Crab frisch und TK	95	398
O	Kipfel, 1 Stück	140	586
V	Kirschen sauer	60	251
V	Kirschen sauer, 500 g Einkauf	266	1113
	Kirschen sauer (Dose)	70	293
V	Kirschen süß	64	268
V	Kirschen süß, 500 g Einkauf	295	1235
	Kirschen süß (Dose)	80	335
	Kirschenkonfitüre, Sionon	220	921
	Kirschkuchen, 1 Stück	170	712
O	Kirschmarmelade	274	1147
	Kirschpudding, Lünebest, 125 g	109	456
V	Kirschsaft, 0,2 l	132	553
V	Kirschsaft, Banjo, 0,2 l	160	670
V	Kirschsaft, Dr. Steinberger, 0,2 l	46	193
O	Kirschsirup, 1 EL	40	167
V	Kirschsüßmost, Donath, 0,2 l	154	645
	Kirschwasser, 2 cl	67	280
+	Kitz	127	532
+	Kitz, 1000 g Einkauf	1001	4190
V	Kiwi	45	188
	Klarer Schnaps (38%), 2 cl	44	184
	Klarer Schnaps (32%), 2 cl	37	155
O	Kletzen	294	1231
O	Kletzenbrot	350	1465
	Klöße siehe Kartoffelklöße		
+	Kluftsteak	205	858
	Knackwurst	250	1047
OV	Knäckebrot, Bauernbröd, Wasa, 1 Scheibe	54	226
OV	Knäckebrot, Buttermilch-, Kraft, 1 Scheibe	30	125
OV	Knäckebrot, Delikateß-, Kraft, 1 Scheibe	30	125
OV	Knäckebrot, Delikateß-Bröd, 1 Scheibe	27	113
OV	Knäckebrot, Delikateß-Kümmel, Wasa, 1 Scheibe	28	117
OV	Knäckebrot, Diabetiker-, 1 Scheibe	31	129
OV	Knäckebrot, Kümmel-, Kraft, 1 Scheibe	30	126
OV	Knäckebrot, Mjölk-Bröd, Wasa, 1 Scheibe	30	126
OV	Knäckebrot, Roggen-, Kraft, 1 Scheibe	37	155

O V	Knäckebrot, Roggen-Bröd, Wasa, 1 Scheibe	39	163
O V	Knäckebrot, Sesam-, Kraft, 1 Scheibe	40	167
O V	Knäckebrot, Schwedisch Land-Bröd, Wasa, 1 Scheibe	46	192
O V	Knäckebrot, Sesam Weizen-Bröd, Wasa, 1 Scheibe	57	238
O V	Knäckebrot, Weizen-Bröd, Wasa, 1 Scheibe	40	167
O V	Knäckebrot, Yoghurt-, Kraft, 1 Scheibe	38	160
	Knoblauch, 1 Zehe	3	13
	Knochen (auskochbare) .	60	251
!	Knochenmark, 2 Scheiben	170	712
	Knödel siehe auch Kartoffelknödel, Semmelknödel		
	Knödel, Böhmische, Pfanni, 1 Portion	270	1130
	Knödel, Quark-, Pfanni, 1 Stück	150	628
	Knödel, Semmel-, Knorr, 1 Stück ..	126	527
	Knödel, Semmel-, Maggi, 1 Stück ..	125	523
	Knödel, Semmel-, Pfanni, 1 Stück .	130	544
O	Knödelbrot, 500 g .	1400	5860
+	Kochkäse (20%) ..	135	565
+	Kochkäse, Magerstufe	105	440
	Kochsalami, Rind, Hoffart-Vertrieb	350	1465
	Kochschinken ...	282	1180
O	Kochschokolade .	551	2306
	Kochwurst	322	1348

	Königsberger Klopse, 1 Portion	420	1758
	Königsberger Klopse, Iglo TK, 1 Portion	396	1658
	Königsberger Klopse (Dose), Jokisch, 1 Portion	452	1892
!	Königsberger Marzipan, 1 Stückchen ...	45	188
O	Königskuchen, 1 Stück	275	1151
O	Königskuchen, B, Kraft, 1 Stück ...	188	787
V	Kohl (Wirsing)	33	138
V	Kohl (Wirsing), 1000 g Einkauf .	238	996
V	Kohlrabi	26	109
V	Kohlrabi, 500 g Einkauf ..	89	373
V	Kohlrabi, Dr. Oetker TK, 1 Portion ...	39	163
	Kohlroulade, Dr. Oetker TK, 1 Stück	735	3077
	Kohlroulade, Sonnen, 1 Stück	400	1674
	Kohlrübe	35	146
	Kohlrübe, 1000 g Einkauf .	290	1214
V	Kohlsprossen	52	218
V	Kohlsprossen, 500 g Einkauf ..	210	879
!	Kokosfett	925	3872
!	Kokosfett, 1 EL ...	138	578
!O	Kokosflockenkonfekt, 1 Stück	65	272
	Kokosmilch, 0,2 l .	44	184
!	Kokosnuß	399	1670
!	Kokosraspeln	556	2327
	Kondensmilch (15%)	182	762
	Kondensmilch (15%), 1 TL	10	42
	Kondensmilch (10%)	181	758
	Kondensmilch (10%), 1 TL	9	38
	Kondensmilch (7,5%)	137	573

	Kondensmilch (7,5%), 1 TL	7	29
	Kondensmilch (4%)	112	469
	Kondensmilch (4%), 1 TL	6	25
O	Kondensmilch, Milchmädchen, 1 TL	39	163
	Konfekt siehe einzelne Sorten, auch Diät-, Praline		
	Konfitüren siehe einzelne Sorten, auch Diät-, Diabetiker-		
O	Kopenhagener, 1 Stück	280	1172
V	Kopfsalat	15	63
V	Kopfsalat mit Joghurt, 1 Portion	27	113
V	Kopfsalat mit Öl, 1 Portion	45	188
+	Korbkäse (10%)	192	804
O	Korinthen	325	1360
O	Korinthen, 1 EL	26	109
	Korn, 2 cl	38	159
O	Kornmehl	363	1519
+	Krabben ausgelöst	103	431
+	Krabben, 500 g Einkauf	221	925
!	Krabbensalat mit Mayonnaise	300	1256
	Kräcker, 1 Stück	8	33
	Kräuter, 1 EL	1	4
	Kräuteraufstrich, Rademann, 25 g	40	167
	Kräuterbutter, Kleeblatt, 20 g	160	670
!	Kräuter-Dorahm (60%), 62,5 g	232	971
!	Kräuter-Käsecreme (60%), 125 g	362	1515
!	Kräuterleberpastete	450	1883
+	Kräuterleberpastete, Wiltmann	180	754
	Kräuterlikör, 2 cl	52	218
+	Kräuter-Schmelzkäse (30%), 62,5 g	144	603
	Kräutersoße, Delikateß-, Maggi, 1 EL	8	33
	Kräutertee	0	0
	Kräutertee, Sionon, 0,2 l	46	193
	Krakauer, Truthahn-	249	1042
!	Krammetsvogel	111	465
O	Krapfen, 1 Stück	220	921
V	Kraut	25	105
V	Kraut, 1000 g Einkauf	193	808
	Krautsalat, 1 Portion	260	1088
	Krautsalat, Tiroler, Hengstenberg	39	163
+	Krebs ausgelöst	71	297
+	Krebs, 500 g Einkauf	82	343
+	Krebs, 1 Stück	30	126
	Kremli-Schmelzkäse	334	1398
	Kren	76	318
	Kren, 200 g Einkauf	79	331
	Kren gerieben, 1 TL	4	17
	Krensauce, 1 EL	77	322
	Kreppel, 1 Stück	220	921
V	Kresse	46	193
V	Kresse, 1 Kästchen	7	29
O	Krokant	660	2763
	Kroketten fritiert, Pfanni, 1 Stück	46	193
	Kroketten fritiert, Pfanni, 1 Portion	324	1356
	Kronsbeeren	46	193
	Kümmellikör, 2 cl	60	251
	Kümmelschnaps, 2 cl	40	167
	Kümmelstangen, 1 Stück	140	586
	Kürbis	28	117
	Kürbis, 1000 g Einkauf	196	820

	Kürbis süß-sauer	90	377
! +	Kürbiskerne geröstet	555	2323
	Kullerpfirsich, 0,2 l	250	1047
V	Kumquat frisch	54	226
	Kumquat in Sirup	175	733
○	Kunsthonig	300	1256
	Kunsthonig, 1 EL	60	251
+	Kutteln gekocht	97	406
!○	Kuvertüre	560	2344

L

	Labskaus, 1 Portion	820	3433
	Lachs	217	908
	Lachs, 200 g Einkauf	378	1582
	Lachs geräuchert	195	816
	Lachs, Dr. Oetker TK, 1 Scheibe	434	1817
!	Lachs in Öl	289	1210
+	Lachsschinken	140	586
○	Lakritze	300	1256
○	Lakritze bunt	370	1549
	Lammbrust	355	1486
	Lammbrust, 1000 g Einkauf	3160	13228
	Lammnacken (Hals)	292	1222
	Lammnacken (Hals), 1000 g Einkauf	2482	10390
	Lammchops gegrillt, 1 Portion	404	1691
+	Lammfilet	118	493
+	Lammherz	162	678
	Lammhirn	135	565
	Lammkeule	239	1000
	Lammkeule, 1000 g Einkauf	2000	8372
	Lammkeule mit Sauce, 1 Portion	450	1883
	Lammkotelett	253	1059
	Lammkotelett, 1000 g Einkauf	1859	7782
+	Lammleber	127	531
+	Lammleber, 1000 g Einkauf	1194	4998
+	Lammlende	199	833
+	Lammlende, 1000 g Einkauf	1731	7246
	Lammlunge	103	431
	Lammlunge, 1000 g Einkauf	783	3278
	Lamm-Milz	117	490
	Lammnieren	97	406
	Lammschnitzel	136	569
	Lammschulter	292	1222
	Lammschulter, 1000 g Einkauf	2482	10390
	Lammzunge	192	803
!	Landjäger, 1 Stück	281	1169
	Landrauchwürstchen, Redlefsen	228	854
+	Langostinos	82	343
+	Langustenschwanz	82	343
!○	Lasagne, 1 Portion	1200	5023
○	Lasagne al forno, Dr. Oetker TK, 1 Portion	403	1686
V	Lauch	38	159
V	Lauch, 1000 g Einkauf	220	920
	Laugengebäck	300	1255
!	Leberkäs	271	1134
!	Leberkäs, Herta	324	1356
!	Leberkäs, 1 Portion	400	1674
!	Leberkäse, Stuttgarter	368	1540
	Leberkäse, Truthahn-	207	866
	Leberknödel, TK, 1 Stück	222	929
	Leberknödelsuppe (Dose), Maggi, 1 Teller	58	242
!	Leberpastete	334	1398
	Leberpastete, Hoffart-Vertrieb	245	1025
!	Leberpressack	375	1569
	Leberspätzle, TK	162	678
!	Lebertran	948	3968
!	Lebertran, 1 EL	89	373

	Leberwurst, Geflügel-, Gutfried	304	1272
!	Leberwurst, Kalbs-	440	1842
	Leberwurst grob	296	1239
	Leberwurst grob, Geflügel-, Gutfried	285	1193
	Leberwurst mager, Rademann	160	670
○	Lebkuchen, Elisen-, 1 Stück	90	377
○	Lebkuchen, Nürnberger, 1 Stück	125	523
	Lecithin, Schneekoppe, 1 EL	32	134
	Leichte Wertkost	380	1591
	Leichte Wertkost, 1 TL	19	79
!	Leinsaat	553	2315
!	Leinsaat, 1 EL	50	209
!	Leinsaat, 1 TL	17	71
!	Leinsamen	421	1762
!	Leinsamen, 1 EL	84	352
!	Leinsamenschrot, Schneekoppe	553	2315
!	Leinsamenschrot, 1 EL	50	209
!	Leinsamenschrot, 1 TL	17	71
	Leipziger Allerlei, 1 Portion	400	1674
	Le Kir, 0,2 l	100	419
+	Lengfisch	89	373
+	Lengfisch, 200 g Einkauf	120	502
	Liebesknochen, 1 Stück	140	586
	Liköre (siehe auch einzelne Sorten) 2 cl ... i.D.	65	272
+	Limabohnen (Dose)	138	578
+	Limande	85	356
+	Limande, 200 g Einkauf	86	360
	Limburger Käse (40%)	289	1210
+	Limburger Käse (20%)	199	833
V	Limette/Limone, 1 Stück	20	84
V	Limettensaft, 1 EL	4	17
V	Limettensaft, 1 TL	1	4
	Limmits-Eintopf, Beutel, 1 Mahlzeit	250	1046
	Limmits-Kekse, 1 Mahlzeit	280	1172
	Limmits, Suppenform, 1 Mahlzeit	130	544
	Limonaden kalorienarm, 0,33 l	30	126
	Limonaden mit Süßstoff	0	0
	Limonaden mit Zucker, 0,33 l	110	460
+	Lindenberger Hartkäse (45%)	380	1591
	Lindenberger Scheibletten, 1 Stück	65	272
+○	Linsen	354	1482
	Linseneintopf mit Speck, Knorr, 1 Portion	220	921
	Linseneintopf mit Speck, Maggi, 1 Portion	145	607
	Linsengericht, Sonnen, 1 Portion	350	1465
	Linsensuppe mit Rauchspeck, Knorr, 1 Teller	75	314
!○	Linsensuppe mit Wurst, 1 Portion	900	3767
	Linsentopf mit Klößchen, Knorr, 1 Portion	263	1101
○	Linzer Torte, 1 Stück	520	2177
	Liptauer Käse	215	900
	Litschie (Lychee)	71	297
	Litschie (Lychee) in Sirup	130	544
	Löffelbiskuit, 1 Stück	15	63
	Löskaffee	0	0
V	Löwenzahnblätter	47	197
	Lorchel	27	113
	Luncheon Meat	313	1310

	Lungenhaschee, 1 Portion	400	1674
V	Lunja	37	155
	Lyoner	329	1377
	Lyoner, Nuxo-Fanser	200	438

M

	Madeira, 5 cl	59	247
	Magenbitter, 2 cl	85	356
+	Mainzer Käse (10%), 50 g	96	402
	Maisgrieß	380	1590
	Maiskörner (Dose)	107	448
	Maiskolben	40	167
O	Maismehl	376	1574
O	Maisstärke	367	1536
O	Maisstärke, 1 EL	54	226
O	Maisstärke, 1 TL	18	75
O	Maizena	356	1490
O	Maizena, 1 EL	54	226
	Maizena, 1 TL	18	75
	Majala-Fruchtgenuß, 1 Portion	68	285
	Majala-Traumcreme, 1 Portion	134	561
O	Makkaroni roh (=350 g gekocht)	390	1633
O	Makkaroni mit Gulaschsoße, F, Sonnen, 1 Portion	375	1570
	Makkaroni, Diät-, F, Rademann	378	1582
+	Makrele	193	808
+	Makrele, 300 g Einkauf	360	1507
+	Makrele geräuchert	238	996
+	Makrele geräuchert, 300 g Einkauf	493	2064
O	Makrone	500	2093
O	Makrone, 1 Stück	60	251
	Malaga, 5 cl	80	335
	Malzkaffee, 1 Tasse	3	13
V	Mandarinen	48	201
V	Mandarinen, 500 g Einkauf	156	653
	Mandarine-Likör, Marie Brizard, 2 cl	55	230
V	Mandarinensaft, 0,2 cl	86	360
V	Mandarinensaft, Banjo, 0,2 l	100	419
	Mandarin-Orangen (Dose)	100	419
!	Mandeln	651	2725
!	Mandeln, 8 Kerne	65	272
!O	Mandeln gebrannt	446	1867
O	Mandelkuchen, B, Kraft, 1 Stück	191	799
	Mandella-Pudding, 1 Portion	184	770
!	Mandelmus	670	2805
	Mandelsplitter, 1 TL	33	138
	Mandelsplitterkonfekt, 1 Stück	60	251
V	Mango	63	264
	Mango-Chutney, 1 EL	40	167
V	Mangold	23	96
V	Mangold, 1000 g Einkauf	186	778
	Mangosauce, Kraft, 1 EL	30	135
	Manhatten Dry, 6 cl	145	607
	Maracuja-Nektar, Dietina, 0,1 l	20	84
V	Maramasaft, 0,2 l	44	184
!	Margarine	761	3185
!	Margarine, 1 EL	114	477
!	Margarine, 1 TL	38	159
	Margarine halbfett	370	1549
	Margarine halbfett, 1 TL	19	80
!	Margarine, becel	750	3139
!	Margarine, becel, 1 EL	113	473
!	Margarine, becel, 1 TL	38	159
!	Margarine, Eden spezial	744	3114

	Margarine, Eden spezial, 1 EL	112	470
	Margarine, Eden spezial, 1 TL	37	154
	Marillen (siehe auch Aprikosen)	54	226
	Marillen, 500 g Einkauf	245	1026
	Marillen getrocknet	297	1243
	Marillen getrocknet, 4/2 Früchte	52	218
	Marillen (Dose)	93	389
	Marillenmarmelade	257	1076
	Marillenschnaps, 2 cl	65	272
	Marimba-Pudding, 1 Portion	185	774
	Marmelade siehe einzelne Sorten		
○	Marmorkuchen, B, Kraft, 1 Stück	216	904
	Maronen	211	883
	Maronen, 1 Tütchen, 45 g	95	398
○	Mars, 1 Riegel	280	1172
	Marsala, 5 cl	56	234
	Marshmallow, 1 Stück	24	100
	Martini Cocktail	120	502
!○	Marzipan	457	1913
!○	Marzipan, Königsberger, 1 Stückchen	45	188
!○	Marzipankartoffel, 1 Stück	23	96
!	Matjesfilet, 1 Stück, 80 g	230	963
	Matrosenschnitzel, Dr. Oetker TK, 1 Stück	160	670
V	Maulbeeren	62	259
!	Mayonnaise (80%)	744	3240
!	Mayonnaise (80%), 1 EL	232	971
!	Mayonnaise (50%)	502	2101
!	Mayonnaise (50%), 1 EL	150	628
	Mayonnaise (20–25%)	320	1340
	Mayonnaise (20–25%), 1 EL	80	335
	M-Dessert, Migro, 1 Becher	264	1105
	Meerrettich	76	318
	Meerrettich, 200 g Einkauf	79	331
	Meerrettich gerieben, 1 TL	4	17
	Meerrettichsahne, 1 EL	40	167
	Meerrettichsauce, 1 EL	77	322
	Meersalz	0	0
○	Mehl (Type 405)	368	1540
○	Mehl (Type 405), 1 EL	74	310
○	Mehl (Type 405), 1 TL	25	105
○	Mehl, Gersten-	369	1545
V○	Mehl, Graham-Vollkorn-Weizen, Donath-Mühle	340	1423
○	Mehl, Grünkern	382	1599
○	Mehl, Grünkern-, 1 EL	76	319
V○	Mehl, Hafer-	410	1716
V○	Mehl, Hafer-, 1 El	82	343
○	Mehl, Hirse-	332	1392
○	Mehl, Mais-	376	1574
○	Mehl, Polenta-	375	1570
○	Mehl, Polenta-, 1 EL	75	317
○	Mehl, Roggen- (Type 997)	363	1519
○	Mehl, Roggen- (Type 997), 1 EL	73	306
○	Mehl, Soja-	469	1963
○	Mehl, Soja-, 1 EL	70	293
+○	Mehl, Soja-, entfettet	362	1515
+○	Mehl, Soja-, entfettet, 1 EL	55	230
+○	Mehl, Soja-, fettarm, Hensels	300	1256
+○	Mehl, Soja-, fettarm, Hensels, 1 EL	45	188
○	Mehlkloß, 1 Stück	220	921
	Melone	26	109
	Melone, Wasser-	24	100

	Melone mit Schinken, 1 Portion	208	871
	Mett	360	1507
	Mettwurst	540	2260
	Mexikanischer Garten, Dr. Oetker TK, 1 Portion	93	389
+	Miesmuschel	72	301
+	Miesmuschel, 1000 g Einkauf	130	544
+	Miesmuscheln, 1 Portion	300	1256
+	Milch aus Pulver, Nestlé, 0,25 l	165	691
	Milch fettarm (1,5 %), 0,25 l	125	523
+	Milch, Butter-, 0,25 l	90	377
+	Milch, Butter-, aus Pulver, 0,25 l	125	523
+	Milch, Dick- (3,5 %), 1 Becher, 250 g	180	753
+	Milch, Dick- (1,5 %), 1 Becher, 250 g	140	586
+	Milch, Dick- (Kneipp), 1 Becher, 200 g	90	377
	Milch, Mager-, 0,25 l	88	368
+	Milch, Mager-, eiweißangereichert, 0,25 l	93	389
+	Milch, Mager-, Molico instant, 0,25 l	90	377
	Milch, Sauer-, aus Trinkmilch (3,5 %), 0,25 l	160	670
+	Milch, Schweden-, Gervais, 0,5 l	280	1172
+	Milch, Trockenmager, 90 g (= 1 l)	331	1386
	Milch, Trockenvoll, 125 g (= 1 l)	629	2632
	Milch, Voll-, 0,25 l	152	636
	Milch, Voll- (3,5 %), 0,25 l	165	691
	Milch, Vorzugs-, (4 %), 0,25 l	169	707
	Milch-Vita-Brei, 1 Mahlzeit	128	536
+	Milken	108	452
	Milky Way, 1 Riegel	130	544
	Mineralwasser	0	0
	Minestrone, Iglo TK, 1 Tasse	85	356
	Minestrone (Dose), Knorr, 1 Tasse	49	205
	Minikal, Suppenform, 1 Mahlzeit	100	419
	Minikal-Waffel, 1 Stück	25	105
	Minoform, Magermilch aus Pulver, 0,25 l	90	377
	Minutenhacksteak »Gutshof Art«, Dr. Oetker, 1 Folie	330	1381
	Minutenhacksteak Hamburger Art, Dr. Oetker, 1 Folie	440	1842
	Minvitin, Getränke, 1 Mahlzeit	225	942
	Minvitin, Kekse, 1 Mahlzeit	240	1005
	Minvitin, Suppenform, 1 Mahlzeit	200	837
V	Minvitin, 1 Kurtag	900	3767
+	Mio-Schmelzkäse, 60 g	201	841
V	Mirabellen	67	280
!	Miracel Whip	460	1926
!	Miracel Whip, 1 EL	115	481
	Miracel Whip, 1 TL	58	243
	Miracoli, Kraft, 1 Portion	400	1674
	Mispel	95	398
	Mixed Grill, 1 Portion	350	1465
	Mixed Pickles	19	80
	Mocca-Saucette, Kraft, 1 EL	50	209

	Mockturtlesuppe gebunden, Jensen, 1 Tasse	65	272
	Mockturtlesuppe klar, Jensen, 1 Tasse	35	147
	Mockturtlesuppe, Klare, kalo-arm, Lacroix, 1 Täßchen	30	126
V	Möhren	35	147
V	Möhren, 1000 g Einkauf	289	1210
V	Möhrensaft, 0,2 l	54	226
	Möhrentopf mit Kalbfleisch, Rademann, 340 g	248	1038
!	Mohn	536	2244
O	Mohnroulade, 1 Stück	350	1465
O	Mohntorte, 1 Stück	320	1340
	Mohrenkopf mit Sahne, 1 Stück	240	1005
	Mokka, türkischer, 1 Täßchen	35	147
O	Mokkabohnen	530	2219
	Mokkabohnen, 6 Stück	50	209
O!	Mokkacremetorte, 1 Stück	450	1884
	Molke, 0,25 l	60	251
O	Mon Chérie, 1 Stück	40	167
O	Mondamin	356	1490
O	Mondamin, 1 TL	18	75
	Mont-Blanc-Dessert, 1 Portion	150	628
V	Moosbeeren	48	201
V	Moosbeeren, 500 g Einkauf	221	925
+	Morcheln	31	130
+	Morcheln, 500 g Einkauf	125	523
+	Morcheln getrocknet	143	599
	Mortadella	367	1536
	Mortadella, Geflügel-, Gutfried	243	1017
+	Mortadella, Wiltmann	107	448
+	Mozzarella	200	837
OV	Müesli, Früchte-, 1 Portion	490	2051
OV	Müesli, Gourmetvit, 1 Mahlzeit	145	606
OV	Müesli, Reddy-Bircher	444	1859
+	Münsterkäse (50%)	320	1339
OV	Müsli, Dr. Ritters	315	1319
O	Müslikeks, Diät-, Schneekoppe	467	1955
O+	Mungobohnenkerne	329	1377
+	Muscheln	72	301
+	Muscheln, 1000 g Einkauf	130	544
+	Muscheln in pikanter Sauce	100	419
	Muscheln natur (Dose)	72	301
	Muschelsuppe gebunden, Jensen, 1 Tasse	65	272
	Muskateller, 5 cl	80	335

N

	Nährhefe salzlos, 1 EL	29	121
O	Napfkuchen, 1 Stück	250	1047
	Nasi-Goreng, Dr. Oetker TK, 1 Portion	638	2671
	natreen-Diätsüße	0	0
V	Natürlich Leicht, Dr. Kousa, 1 Mahlzeit	211	884
	Naturschnitzel, 1 Portion	230	963
	Negerkuß, 1 Stück	60	251
V	Nektarinen	46	193
V	Nektarinen, 500 g Einkauf	212	887
	Nescafé ohne Milch u. Zucker	0	0

	Nesquik mit Milch, 1 Tasse	120	502
	Nestargel	0	0
	Nestea ohne Milch u. Zucker	0	0
	Nestea, Citrone, Hibiskus, 1 Tasse	39	163
	Nidelwähe, 1 Stück	260	1088
	Niere, Kalbs-	138	578
	Niere, Schweine-	125	523
	Nieren geschnetzelt, 1 Portion	400	1674
	Nikolaschka, (4 cl Cognac, 1 TL Zucker)	100	419
	Nimm 2, 1 Stück	24	100
V	Nisslsalat	22	92
	Nizzasalat, 1 Portion	350	1465
	Nockerl, Grieß-, 1 Stück	50	209
○	Nockerl, Salzburger, 1 Portion	400	1674
○	Nockerlgrieß, 1 Päckchen	353	1478
○	Nougat	563	2357
	Nougatcreme, granoVita	570	2386
○	Nudeln gekocht (= 30 g roh)	117	490
○	Nudeln roh (= 350 g gekocht)	390	1632
	Nudeln, grüne, gekocht (= 30 g roh)	111	465
	Nudeln, grüne, roh (=350 gekocht)	370	1549
○	Nudeln, Schneekoppe	348	1457
	Nudeleintopf mit Gemüse, Knorr, 1 Portion	105	440
	Nudel-Eintopf-suppe, Maggi, 1 Teller	78	327
	Nürnberger Lebkuchen, 1 Stück	125	523
!	Nürnberger Würste mit Sauerkraut, Iglo TK	375	1570
V	Nüßlisalat	22	92
○	Nußhörnchen, F, Gervais, 1 Stück	182	762
○	Nußkeks, Batscheider, 5 Stück	98	410
○	Nußplätzchen, 1 Stück	98	410
○	Nuß-Sahne-Torte, 1 Stück	360	1507
!○	Nutella	580	2428
!○	Nutella, 1 TL	30	126
	Nuts	217	906
	Nuts, mini	80	335

O

	Obstbranntwein, 2 cl	47	197
	Obstessig	0	0
	Obstkonserven (siehe auch einzelne Sorten, Diätobst) ..... i.D.	75	314
○	Obstkuchenboden, F, 1 Platte	635	2658
	Obstkuchen, Hefeteig, 1 Stück	160	670
	Obstkuchen, Rührteig, 1 Stück	180	753
	Obst-Sahne-Torte, 1 Stück	230	963
V	Obstsalat, 1 Portion	150	628
V	Obstsalat, Hipp, 1 Portion	95	398
	Obsttörtchen, 1 Stück	150	628
	Obsttorte, 1 Stück	220	921
!	Ochsenmark, 2 Scheiben	170	712
+	Ochsenmaulsalat	120	502
+	Ochsenschwanz	197	825

+	Ochsenschwanz, 1000 g Einkauf	1084	4538
	Ochsenschwanzsuppe, Suppen-Drink, Maggi, 1 Tasse	49	205
	Ochsenschwanzsuppe gebunden, Knorr, 1 Teller	81	339
	Ochsenschwanzsuppe, Klare, kalo-arm, Lacroix, 1 Täßchen	28	117
	Ochsenzunge geräuchert	385	1612
!	Öl	927	3880
!	Öl, 1 EL	83	347
!	Öl, 1 TL	28	117
!	Öl, becel	930	3893
!	Öl, becel, 1 EL	84	352
!	Öl, becel, 1 TL	28	117
!	Öl, Biskin	930	3893
!	Öl, Biskin, 1 EL	84	352
!	Öl, Distel-, Vitaquell	930	3893
!	Öl, Distel-, Vitaquell, 1 EL	84	352
!	Öl, Distel-, Vitaquell, 1 TL	28	117
!	Öl, Erdnuß-	930	3893
!	Öl, Erdnuß-, 1 EL	84	352
!	Öl, Lein-, 1 EL	93	389
!	Öl, Maiskeim-	930	3893
!	Öl, Maiskeim-, 1 EL	84	352
!	Öl, Maiskeim-, 1 TL	28	117
!	Öl, Mazola Keim-	917	3839
!	Öl, Mazola Keim-, 1 EL	82	343
!	Öl, Mazola Keim-, 1 TL	27	114
!	Öl, Oliven-	930	3893
!	Öl, Oliven-, 1 EL	89	373
!	Öl, Oliven-, 1 TL	30	126
!	Öl, Raps-	930	3893
!	Öl, Raps-, 1 EL	87	364
!	Öl, Saflor-	930	3893
!	Öl, Saflor-, 1 EL	93	389
!	Öl, Sesam-	930	3893
!	Öl, Sesam-, 1 EL	89	372
!	Öl, Sonnenblumen-	930	3893
!	Öl, Sonnenblumen-, 1 EL	84	352
!	Öl, Weizenkeim-	917	3839
!	Öl, Weizenkeim-, 1 EL	82	343
	Ölsardinen abgetropft	240	1005
	Ölsardinen abgetropft, 1 Stück	80	335
	Ogenmelone	26	109
	Okra	33	138
	Okra (Dose)	25	105
	Old Fashioned	130	544
	Oliven grün	146	611
	Oliven grün, 10 Stück	56	234
	Oliven mit Mandel 1 Stück	13	54
!	Oliven schwarz	430	1800
	Omelett, von 1 Ei	104	435
	Omelett mit Spargel	300	1256
	Omelette surprise, 1 Portion	400	1674
	Onionketchup, 1 EL	30	126
	Opekta-Gelierpulver, 10 g	29	121
	Opekta 2000, Normalflasche	68	285
	Opekta, Zwei zu Eins, 1 Beutel	43	180
V	Orange	54	226
V	Orangen, 500 g Einkauf	195	816
V	Orange douce, Aproz, 0,2 l	85	356
O	Orangeat und Zitronat	270	1130
O	Orangengelee, Dundee	312	1306
	Orangenkonfitüre, kalo-arm, Lihn	130	544
	Orangenlimonade, deit, 0,2 l	18	75
	Orangenmarmelade	269	1126
V	Orangennektar, Dietina, 0,1 l	20	84

V	Orangensaft frisch oder TK, 0,1 l	46	193
	Orangensaft, Dose oder Flasche, 0,1 l	50	209
V	Orangensaft, Dr. Steinberger, 0,1 l	28	117
	Orangensaft aus Konzentrat Joia, 0,1 l	45	188
	Orangen-Saucette, Kraft, 1 EL	35	147
	Orion, Rapsöl	930	3893
V	Orvita-Vollkornkeks, Bahlsen, 1 Stück	25	105
	Osso buco, 1 Portion	380	1591
○	Osterei, Cremefüllung, 1 Stück	100	419
	Ostereier, Vollmilch-, 4 kleine	60	251
	Ouzo, 2 cl	68	285
○	Ovomaltine	363	1520
○	Ovomaltine, 1 TL	18	75
	Ovomaltine mit Magermilch, 0,25 l	142	594
	Ovomaltine mit Vollmilch	206	862
	OVO-Riegel, 1 Stück	107	448

P

	Paella, Iglo TK, 1 Portion	691	2892
	Paella, Maggi, 1 Portion	545	2281
	Paguzzisalat	20	84
○	Palatschinken gefüllt, 1 Stück	295	1235
	Palmenherzen (Dose)	40	167
!	Palmin	925	3872
	Palmitos (Dose)	40	167
+	Pamesello Streukäse (30%), 1 EL	38	159
V	Pampelmuse	32	134
V	Pampelmuse, 1 Stück = 250 g Einkauf	56	234
○	Paniermehl	352	1473
○	Paniermehl, 1 EL	35	147
V	Papaya	39	163
V	Papayasaft, 0,2 l	100	419
	Paprikagulasch, Hipp (Dose), 1 Mahlzeit	226	946
V	Paprikapulver	0	0
	Paprikasoße, Sonnen, 1 EL	9	38
V	Paprikaschoten	28	117
V	Paprikaschoten, 1000 g Einkauf	216	904
	Paprikaschote, Sonnen, 1 Stück	500	2093
	Paprikaspread, Vitam, 1 EL	14	59
	Paradeiser	19	79
	Paradeisermark, 1 EL	28	117
	Paradiescreme, Frucht, 1 Portion	132	555
	Paradiescreme, Schokolade, 1 Portion	140	587
!	Paranüsse	688	2880
!	Paranüsse mit Schale, 500 g Einkauf	1686	7059
!	Paranüsse, 4 Kerne	97	406
○	Pariser Gipfeli, Migro, 1 Stück	157	657
	Parmaschinken	264	1105
!+	Parmesan	410	1716
	Parmesan-Streukäse, 1 EL	40	167
	Parmesan-Streukäse, 1 TL	13	54
V	Passionsfrucht	50	209
V	Passionsfruchtsaft, 0,2 l	45	188
	Pastinaken	101	423
	Pastinaken, 1000 g Einkauf	511	2139

○	Pastetchen, Blätterteig-, 2 Stück	300	1256
	Pastetenfüllung, Fleisch, 2 Stück ..... i.D.	320	1340
	Pastetenfüllung, Gemüse, 2 Stück ..... i.D.	400	1674
	Pastetlifüllung, Migro, 2 Stück	389	1628
	Pecorino	368	1540
!	Pekanüsse, 6 Kerne	100	419
	Pekingkohl	16	67
	Pekingkohl, 500 g Einkauf	63	264
	Pepsi Cola, 0,33 l	132	553
	Perlzwiebeln, eingelegt, 1 Stück	1	4
	Pernod, 2 cl	68	285
V	Petersilie gehackt, 1 EL	1	4
V	Petersilie TK, 25 g	5	21
	Petersilienwurzel	26	109
	Petit four, 1 Stück	75	314
!	Pfälzer, 1 Stück	250	1046
○	Pfannkuchen, 1 Stück	200	839
○	Pfannkuchen gefüllt mit Marmelade oder Zucker, 1 Stück	300	1256
	Pfannkuchen, Jäger-, Maggi, 1 Portion	450	1884
	Pfeffer	0	0
	Pfefferbeeren grün, 1 EL	28	117
	Pfefferkuchenherz, 1 Stück	25	105
	Pfefferminzdrops, 1 Stück	20	84
	Pfefferminzlikör, 2 cl	72	301
	Pfeffernüsse, 1 Stück	25	105
	Pfefferschote scharf, 1 Stück	18	75
+	Pferdefleisch	115	481
+	Pfifferlinge	23	96
+	Pfifferlinge, 500 g Einkauf	70	293
+	Pfifferlinge (Dose)	34	142
V	Pfirsiche	46	193
V	Pfirsiche, 500 g Einkauf	212	887
	Pfirsiche (Dose)	79	331
○	Pfirsiche getrocknet	282	1180
	Pfirsich (Dose), Low Cal.	54	226
	Pfirsich (Glas), Schneekoppe	24	100
	Pfirsichbowle, 0,2 l	170	712
	Pfirsich-Melba, 1 Portion	340	1423
V	Pfirsichsaft, Banjo, 0,2 l	118	494
+	Pflanzenfleisch (Dose), Hensels	213	892
V	Pflaumen	62	260
V	Pflaumen, 500 g Einkauf	249	1042
	Pflaumen getrocknet, 1 Stück	15	63
	Pflaumen getrocknet mit Kern	249	1042
○	Pflaumen getrocknet, Meraner Kur-	293	1226
○	Pflaumen getrocknet, Meraner Kur-, 1 Stück	45	188
	Pflaumen (Dose), Low Cal.	57	238
	Pflaumenkuchen, 1 Stück	160	670
○	Pflaumenmus	230	963
○	Pflaumenmus, 1 EL	68	285
	Pflaumenmus, Sionon, 1 EL	46	193
	Pflaumensaft, 0,1 l	100	419
!	Philadelphiakäse (70%), 62,5 g	225	942
	Pichelsteiner Topf, 1 Portion	850	3558
	Pichelsteiner Topf, Sonnen, 560 g	380	1591
+	Picota (20%)	103	431
!	Pignoli	626	2620
!	Pignoli, 1 EL	125	523
+	Pilgermuscheln	82	343

+	Pilgermuscheln, 1000 g Einkauf .	361	1511
	Pilze (siehe auch einzelne Sorten) ...... i.D.	30	126
+	Pilze getrocknet i.D.	27	113
	Pilzsuppe (Beutel), 1 Teller	90	377
	Pilzsuppe (Dose), 1 Teller	130	544
!	Pinienkerne	626	2620
!	Pinienkerne, 1 EL .	125	523
!	Pinkel, Bremer ...	849	3554
!	Pistazien	642	2687
!	Pistazien, 1 EL ...	128	536
O	Pizza, 1 Portion ...	650	2721
	Pizza-Toast, Scheiblette, 1 Stück	64	270
O	Pizza mit Sardellen, 1 Stück	290	1214
O	Pizza Bella Napoli, Iglo TK, 1 Portion	317	1327
O	Pizza Bolognese, Iglo TK, 1 Portion	328	1373
O	Pizza Deliciosa, Dr. Oetker TK, 1 Portion	543	2273
O	Pizza, Garniermich-, Dr. Oetker TK, 1 Portion	318	1331
O	Pizza, La Pizza Grandiosa, Iglo TK, 1 Portion ...	394	1649
O	Pizza, Party-, Dr. Oetker TK, 1 Portion	410	1716
O	Pizza Romana, Dr. Oetker TK, 1 Portion	368	1540
O	Pizza, Schlemmerpizza-Champignon, Iglo TK, 1 Portion	439	1838
O	Pizza süß, Tutti frutti, Iglo TK, 1 Portion	410	1716
!	Plockwurst	548	2294
!	Pökelfleisch .. i.D.	480	2009
	Pökelzunge		1088
	Polenta gekocht, 1 EL	50	209
O	Polentamehl	375	1570
	Polentamehl, 1 EL	75	314
	Pommes chips, 1 Stück	10	42
	Pomelo	32	134
O	Pommes croquettes, TK, 1 Portion ...	280	1172
O	Pommes frites, 1 Portion	250	1047
O	Pommes frites, TK, 1 Portion	250	1047
	Popcorn salzig, 40 g	55	230
	Popcorn salzig, 1 EL	3	13
O	Popcorn süß, 40 g	185	774
	Popcorn süß, 1 EL	9	38
V	Porree	38	159
V	Porree, 1000 g Einkauf .	220	920
	Porree, Rahm-, TK, F, 1 Portion .	78	327
O	Porridge, englisch, 1 Portion	400	1674
	Porter, 0,25 l	172	720
	Portwein, 5 cl	70	293
+	Poularde	144	603
+	Poularde, 1000 g Einkauf .	1066	4462
+	Poulet	144	603
+	Poulet, 1000 g Einkauf .	1066	4462
O	Powidl	230	963
O	Powidl, 1 EL	68	285
	Prairie Oyster	170	712
O	Praline, 1 Stück ...... i.D.	60	251
O	Pralinen, Sarotti ..	457	1913
O	Pralinen, Schneekoppe ..	548	2294
V	Preiselbeeren	46	193
	Preiselbeeren (Glas), Schneekoppe ..	25	105
	Preiselbeerkonfitüre	195	816
	Preiselbeerkonfitüre, 1 TL ..	16	67
	Preiselbeersauce .	146	611

	Pressack	322	1348
	Pudding siehe einzelne Sorten		
	Puffreis, 1 Tasse	58	243
	Puffreis, 1 EL	8	33
	Pulverkaffee	0	0
○ V	Pumpernickel, 1 Scheibe	97	406
	Pusztasauce, 1 EL	23	96
+	Puter (siehe auch Truthahn)	175	733
+	Puter, 1000 g Einkauf	1277	5346
+	Puter in Aspik, Wiltmann	160	670
	Puter mit Sauce, 1 Portion	454	1905
+	Puterbrust	116	486
+	Puterbrust geräuchert	123	515
+	Puterherz	60	251
+	Puterkeule	119	498
+	Puterleber	147	615
	Putersalat, frisch-fit	75	314
+	Puterschnitzel	116	486

Q

○	Quaker Oats	402	1683
+	Quargel, 1 Stück	48	200
	Quark (40%)	179	749
	Quark (40%), 1 EL	54	226
+	Quark (20%)	124	519
+	Quark (20%), 1 EL	37	155
+	Quark (10%)	106	444
+	Quark (10%), 1 EL	31	130
+	Quark mager	88	368
+	Quark mager, 1 EL	27	113
	Quark, Diät-Frucht-, Migro, 140 g	170	712
+	Quark, Kräutergarten, Gervais, 125 g	169	707
+	Quark, Obstgarten, Gervais, 125 g	200	837
	Quark, Rahm-, Migro, 50 g	94	393
	Quarkfein-Speisen, Dr. Oetker, 1 Portion	180	753
	Quarkkuchen, 1 Stück	250	1046
	Quarkstrudel, Iglo TK, 1 Portion	333	1394
○	Quarktorte, 1 Stück	400	1674
	Quiche Lorraine, 1 Stück	230	963
	Quiche Tatare, 1 Stück	180	753
	Quinine Water, Aproz, 0,2 l	81	339
	Quitten	68	285
	Quitten, 500 g Einkauf	286	1197
	Quittengelee	250	1046

R

!	Raclettekäse, Walliser (52%)	401	1679
V	Radi	20	84
V	Radicchio	27	113
V	Radicchiosalat, 1 Portion	110	460
V	Radieschen, 1 Bund, 80 g	16	67
	Radlermaß, 1 l	526	2202
	Räucherfisch siehe einzelne Fischarten		
	Ragout fin, 1 Portion	250	1047
!	Rahm (30%), 0,1 l	302	1264
!	Rahm (30%), 1 EL	30	126
!	Rahm (30%), 1 TL	15	63
	Rahm (10%), 0,1 l	127	532
	Rahm geschlagen, 1 EL	15	63
	Rahm sauer (10%), 0,1 l	126	527
	Rahm sauer (10%), 1 EL	32	134

	Rahmeck (50%), Kraft, 62,5 g	200	837
!	Rahmgold (60%), Milkana, 62,5 g	359	1503
	Rahm-Hacksteaks in Gärtnerin-Sauce, Dr. Oetker TK, 1 Stück	278	1164
	Rahmhalter	37	155
	Rahmschnitzel mit Spätzle, Migro TK, 360 g	562	2352
	Rahmsoße zu Braten, F, 1 EL	14	59
	Raki, 2 cl	68	285
V	Randen	37	155
V	Randen, 1000 g Einkauf	289	1210
+	Ranke	108	452
+	Ranke, 200 g Einkauf	146	611
V	Rapunzel	22	92
O	Ratonkuchen, 1 Stück	250	1047
!+	Rauchfleisch fett	360	1507
+	Rauchfleisch mager	264	1105
+	Rauchfleisch, Redlefsen	151	632
	Rauchfleisch im Gemüsetopf, Hipp, 1 Portion	140	575
O	Ravioli in pikanter Fleischsoße Bologneser Art, Knorr, 1 Portion	323	1352
O	Ravioli in pikanter Sauce, Maggi, 1 Portion	240	1005
O	Ravioli in Tomatensauce (Dose), 1 Portion	273	1143
O	Ravioli, Jäger-, Sonnen, 560 g	688	2880
+	Rebhuhn	111	465
+	Regenbogenforelle	112	469
+	Regenbogenforelle, 200 g Einkauf	116	486
!	Regensburger, 1 Stück, 70 g	248	1038
	Regina-Trauben	74	310
	Regina-Trauben, 1000 g Einkauf	691	2893
+	Reherl	23	96
+	Reherl, 500 g Einkauf	70	293
+	Rehrücken	133	557
+	Rehrücken, 1000 g Einkauf	931	3897
+	Rehschlegel	106	444
+	Rehschlegel, 1000 g Einkauf	869	3638
	Reibkäse, 1 EL	40	167
+	Reinanke	108	452
+	Reinanke, 200 g Einkauf	146	611
	Reineclaude	72	301
OV	Reis braun, gekocht (= 25 g roh)	93	389
OV	Reis braun, roh (= 400 g gekocht)	372	1557
O	Reis weiß, gekocht (= 33,3 g roh)	123	515
O	Reis weiß, roh (= 300 g gekocht)	369	1545
	Reis mit Huhn, Sonnen, 280 g	375	1570
O	Reisflocken	330	1381
	Reisflocken, 1 EL	10	42
O	Reis-Krispies, Kellogg's	356	1490
O	Reismehl	371	1553
O	Reismehl, 1 EL	74	310
O	Reisstärke	360	1507
O	Reisstärke, 1 EL	54	226
O	Reisstärke, 1 TL	18	75
	Reistopf, Knorr, 1 Portion	290	1214
	Relish, Barbecue-, 1 EL	68	285
	Relish, Exotic, 1 EL	60	251
	Relish, Fondue-, 1 EL	60	251
	Relish, Mexican, 1 EL	52	218
	Relishes, Grill-, Hengstenberg, 1 EL	19	80
	Relli-Schmelzkäse (40%), Kraft, 62,5 g	169	707

!	Remoulade (80%)	760	3181
!	Remoulade (80%), 1 EL	228	954
!	Remoulade (50%)	500	2093
!	Remoulade (50%), 1 EL	150	628
+	Renke	108	452
+	Renke, 200 g Einkauf	147	615
+	Rentierfleisch, TK i.D.	118	494
+	Rentierschinken	264	1105
V	Rettich	20	84
V	Rettich, 1 Stück, = 200 g Einkauf	30	126
V	Rhabarber	18	75
V	Rhabarber, 1000 g Einkauf	140	586
○	Rhabarberkompott	250	1047
○	Rhabarberkuchen, 1 Stück	310	1298
	Rheinischer Sauerbraten, Sonnen, 1/2 Dose	383	1603
V	Ribisel rot	45	188
V	Ribisel schwarz	57	239
○	Ribisel-Jam	262	1097
V	Ribiselsaft rot, 0,2 l	100	419
V	Ribiselsaft schwarz, 0,2 l	110	460
	Ricard, 2 cl	68	285
!	Ricotta	396	1658
	Riesenbockwurst (Dose), Herta	305	1277
	Riesenbockwurst, 2er Packung, Herta	307	1285
+	Rinderbrust	270	1130
+	Rinderbrust, 1000 g Einkauf	2133	8929
+	Rinderfilet	126	527
+	Rinderherz	133	557
	Rinderhirn	137	573
+	Rinderkeule	205	858
+	Rinderkeule, 1000 g Einkauf	1743	7296
V	Rinderleber	141	590
	Rinderlunge	108	452
!	Rindermark, 2 Scheiben	170	712
	Rindermilz	109	456
+	Rindernacken	144	603
+	Rindernacken, 1000 g Einkauf	1043	4366
	Rinderniere	122	511
!	Rindertalg	915	3830
	Rinderzunge	223	933
	Rindfleisch, Blume	253	1059
	Rindfleisch, Blume, 1000 g Einkauf	1999	8368
+	Rindfleisch, Bug u. Schulter	151	632
+	Rindfleisch, Bug und Schulter, 1000 g Einkauf	1268	5308
	Rindfleisch, Fehlrippe	244	1021
	Rindfleisch, Fehlrippe, 1000 g Einkauf	2074	8682
	Rindfleisch, Fleischdünnung	259	1084
	Rindfleisch, Fleischdünnung, 1000 g Einkauf	2560	10716
	Rindfleisch, Hochrippe	297	1243
	Rindfleisch, Hochrippe, 1000 g Einkauf	2317	9699
+	Rindfleisch, Kamm	144	603
+	Rindfleisch, Kamm, 1000 g Einkauf	1080	4521
+	Rindfleisch, Oberschale	131	548
+	Rindfleisch, Oberschale, 1000 g Einkauf	1271	5320
+	Rindfleisch, Schulterfilet	151	632
+	Rindfleisch, Schulterfilet, 1000 g Einkauf	1268	5308
	Rindfleisch, Spannrippe	288	1206
	Rindfleisch, Spannrippe, 1000 g Einkauf	2390	10005
+	Rindfleisch, Steak aus dem Hohen Rücken	180	753

	Rindfleisch Jägerart mit Eierspätzle, Hipp, 300 g	259	1084
	Rindfleisch in Karotten, Nudeln, Rademann, 340 g	248	1038
	Rindfleischklößchen in Tomaten, Eierhörnchen, Hipp, 300 g	269	1126
+	Rindfleischsalat, frisch-fit	75	314
	Rindfleischsuppe mit Croûtons, Suppen-Drink, Maggi, 1 Tasse	22	92
	Rindfleischsuppe mit Einlage, 1 Teller	70	293
	Rindfleisch-Suppentopf, Sonnen, ½ Dose	225	942
	Rindsbouillon, Maggi, 1 Tasse	8	33
	Rindsragout Jägerart, Studt-Diät, 380 g	433	1812
	Rindsragout, Gemüse, Reis, Studt-Diät, 380 g	353	1478
	Rindsroulade in Soße, Iglo TK, 220 g	380	1591
	Rindssuppe, (Würfel), 1 Teller	17	71
	Rindswurst, mager, Hoffart-Vertrieb	220	921
	Ringäpfel	279	1168
	Ringäpfel, 1 Ring	28	117
	Risotto, Beilage	260	1088
+	Roastbeef	254	1063
	Roastbeef mit Remoulade, 1 Portion	350	1465
	Roastbeef mit Sauce, 1 Portion	420	1758
O	Rodonkuchen, 1 Stück	250	1047
O	Römische Pflaumen	293	1226
	Römische Pflaumen, 1 Stück	45	188
	Römischer Salat	17	71
	Rösti, 1 Portion	340	1423
	Röstzwiebeln, Thomy, 1 Beutel	190	795
	Röstzwiebeln, 1 Tl	20	84
VO	Rogga, Bahlsen, 1 Scheibe	40	167
VO	Roggen, ganzes Korn	360	1507
O	Roggenbrötchen, 1 Stück	110	460
VO	Roggenkeime	404	1691
VO	Roggenkeime, 1 EL	50	209
O	Roggenmehl (Type 997)	363	1519
O	Roggenmehl (Type 997), 1 EL	73	306
VO	Roggenvollkornschrot, Donath-Mühle	340	1423
!	Rohess-Speck, Migro, 50 g	312	1306
O	Rollgerste	370	1549
O	Rollgerste, 1 EL	74	310
	Rollmops	214	896
	Romadour (50%)	326	1365
	Romadour (40%)	290	1214
	Romadour (30%)	234	980
+	Romadour (20%)	194	812
!	Roquefort (50%)	413	1729
V	Rosenkohl	52	218
V	Rosenkohl, 1000 g Einkauf	420	1758
V	Rosenkohl, Iglo TK, 1 Portion	90	377
V	Rosenkohl, Dr. Oetker TK, 1 Portion	77	322
	Roséwein deutsch, Castell, 0,25 l	176	737
	Roséwein deutsch, Württemberger Schiller, 0,25 l	159	666
	Roséwein französisch, Rosé d' Alsace, 0,25 l	168	703
	Roséwein französisch, Côtes-de-Provence, 0,25 l	184	770

	Roséwein französisch, Tavel, 0,25 l	172	720
	Roséwein italienisch, Lagrein Kretzer, 0,25 l ..	166	695
	Roséwein jugoslawisch, Amselfelder, 0,25 l	195	816
	Roséwein portugiesisch, Mateus, 0,25 l	175	733
	Roséwein Schweiz, Oeil de Perdrix, 0,25 l	176	737
○	Rosinen	271	1134
○	Rosinen klein, 12 Stück	15	63
○	Rosinenbrötchen, B, Pillsbury, 1 Stück	114	477
○	Rosinenschnecke, B, Pillsbury, 1 Stück	145	607
	Rostbratwürstl, Iglo TK, 1 Stück	94	393
+	Rotbarsch	112	469
+	Rotbarsch, 200 g Einkauf ..	109	456
+	Rotbarsch geräuchert	157	657
+	Rotbarsch geräuchert, 200 g Einkauf ..	229	959
	Rotbarschfilet, Dr. Oetker TK, 1 Stück	113	473
V	Rote Bete	37	155
V	Rote Bete, 1000 g Einkauf .	289	1210
	Rote Bete (Glas), Hengstenberg ..	35	146
V	Rote-Bete-Saft, 0,1 l	42	176
V	Rote-Bete-Saft, Schneekoppe, 0,1 l	12	50
	Rote Grütze, Appel, 1 Portion	100	419
V	Rote Rüben	37	155
V	Rote Rüben, 1000 g Einkauf .	289	1210
	Rote Schlecker-Grütze, Dr. Oetker, 125 g	91	381
	Rotessa, Hengstenberg ..	56	234
	Rotisseur-Sauce, Thomy, 1 EL	15	63
	Rotkohl	27	113
	Rotkohl, 1000 g Einkauf .	212	887
	Rotkohl, Apfel-, Iglo TK, 1 Portion	67	280
	Rotkraut	27	113
	Rotkraut, 1000 g Einkauf .	212	887
	Rotwein deutsch, Ahr, 0,25 l	152	636
	Rotwein deutsch, Baden, Spätburgunder trocken, 0,25 l	156	653
	Rotwein deutsch, Ingelheimer Spätburgunder 0,25 l	180	753
	Rotwein deutsch, Rheingau, Spätburgunder Spätlese, 0,25 l .	177	741
	Rotwein deutsch, Württemberg, Trollinger, 0,25 l	154	645
	Rotwein französisch, Beaujolais, 0,25 l	167	699
	Rotwein französisch, Bordeaux, 0,25 l .... i.D.	172	720
	Rotwein französisch, Burgunder, 0,25 l .... i.D.	175	733
	Rotwein französisch, Châteauneuf-du-Pape, 0,25 l .	192	804
	Rotwein französich, Chinon (Loire), 0,25 l ...	165	691
	Rotwein französisch, Gigondas, 0,25 l	192	804
	Rotwein französisch, Vin de Pays, 0,25 l	190	795

	Rotwein italienisch, Barbera DOC, 0,25 l	175	733
	Rotwein, italienisch, Barolo DOC, 0,25 l	187	783
	Rotwein italienisch, Chianti DOC, 0,25 l	177	741
	Rotwein italienisch, Kalterer See Auslese, 0,25 l	156	653
	Rotwein italienisch, Valpolicella classico, 0,25 l	175	733
	Rotwein jugoslawisch, Amselfelder, 0,25 l	189	791
	Rotwein jugoslawisch, Plavac feinherb, 0,25 l	176	737
	Rotwein jugoslawisch, Plavac mild, 0,25 l	187	783
	Rotwein österreichisch, Blaufränkisch, 0,25 l	186	779
	Rotwein Schweiz, Dôle du Valais, 0,25 l	170	712
	Rotwein spanisch, Rioja, 0,25 l	167	699
	Rotwein ungarisch, Erlauer Stierblut, 0,25 l	204	854
	Rotweincreme-Dessert, Dr. Oetker, 1 Portion	207	867
	Rotwurst, Thüringer, Rademann	170	712
V	Rübenkraut (eingelegte Rüben)	36	151
O	Rübensirup	305	1277
O	Rübensirup, 1 EL	76	318
V	Ruebli	35	147
V	Ruebli, 1000 g Einkauf	289	1210
	Rübstiel	22	92
	Rübstiel, 1000 g Einkauf	134	561
	Rübstielmus, 1 Portion	185	774
!	Rügenwalder Teewurst	482	2018
	Rührei, 1 Portion	250	1046
	Rührei mit Schinken, 1 Portion	450	1884
O	Rührkuchen, 1 Stück	220	921
	Rum, 2 cl	74	310
	Rum weiß, 2 cl	50	209
	Rum mit Cola (0,2 l Cola + 4 cl Rum)	162	678
	Rum, Stroh-(80%), 2 cl	134	561
	Rum, Verschnitt, 2 cl	62	260
	Rumaroma, 2 ccm	2	8
	Rumkugel, 1 Stück	59	247
O	Rumkugeln	590	2470
	Rumpsteak mit Fettrand, 1 Portion	560	2344
O	Russisch Brot	388	1624
O	Russisch Brot, 2 Buchstaben	11	46
	Russischer Sauerkrauttopf, Hipp, 290 g	235	978

S

!O	Sachertorte, 1 Stück	360	1507
	Saftwürstchen, Herta	324	1356
O	Sago	343	1436
O	Sago, 1 EL	70	293
!	Sahne (30%), 0,1 l	302	1264
!	Sahne (30%), 1 EL	43	180
!	Sahne (30%), 1 TL	15	63
	Sahne (10%), 0,1 l	127	532
	Sahne (10%), 1 EL	13	54
	Sahne geschlagen, 1 EL	15	63

	Sahne sauer (10%), 0,1 l	126	527
	Sahne sauer (10%), 1 EL	32	134
	Sahne, Kaffee- (10%), 1 EL	13	54
	Sahne, Kaffee- (10%), 1 TL	5	21
	Sahnedessert, Frucht-, Chambourcy, 1 Becher	175	733
	Sahnedessert, Kaffee-Whisky, Chambourcy, 1 Becher	169	707
	Sahnedessert, Schoko-Kirsch, Chambourcy, 1 Becher	206	862
!	Sahne-Käsecreme (60%), 62,5 g	180	753
	Sahnekaramellen, 1 Stück	40	167
!	Sahne-Schmelzkäse (60%), 62,5 g	230	963
	Sahnesteif, Dr. Oetker, 1 Beutel	37	155
	Salade Niçoise, 1 Portion	350	1465
!	Salami	526	2202
!	Salami italienisch	560	2344
	Salami-Schmelzkäse (45%), 62,5 g	188	787
	Salanaise, Union	318	1331
	Salanaise, Union, 1 EL	80	335
	Salate, frisch-fit	75	314
	Salatfix, kräuterwürzig, 1 EL	6	25
	Salatfix mit Joghurt, 1 EL	50	209
	Salatfix mit Senf, 1 EL	10	42
	Salatfix, paprikawürzig, 1 EL	50	209
	Salatsauce mit Kräutern, Hengstenberg, 1 EL	22	92
!	Salm	217	908
!	Salm, 200 g Einkauf	278	1164
	Salz	0	0
	Salzbrezel, 1 Stück	94	393
	Salzbrezelchen, 5 Stück	20	84
O	Salzburger Nokkerl, 1 Portion	400	1674
V	Salzdillgurken	17	71
V	Salzdillgurken, Hengstenberg	4	17
!	Salzhering	233	975
!	Salzhering, 200 g Einkauf	200	837
!	Salzmandeln, 5 Stück	45	188
	Salzstangen, 5 Stück	20	84
	Salzsticks, 10 Stück	25	105
	Samtsoße, 1 Portion	160	670
	San-Daniele-Schinken	264	1105
V	Sanddorn, Schneekoppe, 3 EL	81	339
V	Sanddorn-Orange-Süßmost, Donath, 0,2 l	130	544
V	Sanddorn-Vollfrucht, gesüßt, Donath, 3 EL	169	707
V	Sanddorn-Vollfrucht mit Bienenhonig, Donath, 3 EL	136	569
V	Sanddorn-Vollfrucht mit Fruchtzucker, Donath, 3 EL	84	351
V	Sanddorn-Vollfrucht mit Frutilose, Donath, 3 EL	70	293
V	Sanddorn-Vollfrucht ungesüßt, Donath, 3 EL	46	193
O!	Sandkuchen, B, Kraft, 1 Stück	256	1072

	Sangria, 0,2 l	160	670
	Sangrita, 5 cl	19	80
	Sanoghurt Heirler 1 Becher	220	921
	Sardellen	164	686
	Sardellenfilet in Öl, abgetropft, 1 Stück	10	42
	Sardellenpaste, 1 TL	21	88
	Sardellenringe, 1 Stück	15	63
	Sardine	134	561
V	Satsuma	54	226
V	Satsumas, 500 g Einkauf ..	195	816
V	Sauerampfer	28	117
V	Sauerampfer, 1000 g Einkauf .	224	938
	Sauerbraten, Hamburger, 1 Portion	410	1716
	Sauerbraten, Rheinischer, 1 Portion	500	2093
	Sauerbraten, Rheinischer, Sonnen, 1/2 Dose	383	1603
	Sauerbraten »Schwarzwälder Art«, Hipp, (Dose)	245	1027
	Sauerbratenfix, 1 Beutel	200	837
	Sauerbratenquick, 1 Beutel	200	837
V	Sauerkirschen ...	60	251
V	Sauerkirschen, 500 g Einkauf ..	266	1113
	Sauerkirschen (Dose)	70	293
	Sauerkirschen (Glas), Schneekoppe	31	130
	Sauerkirschkonfitüre	265	1109
O	Sauerkirschkonfitüre, kaloarm, Rademann	130	544
O	Sauerkirschkonfitüre, Sionon	210	879
V	Sauerkirschsüßmost, 0,2 l ..	120	502
V	Sauerkirschsüßmost, Dietetic, 0,2 l ...	32	134
V	Sauerkirschsüßmost, Schneekoppe, 0,2 l	62	259
V	Sauerkraut	26	109
V	Sauerkraut, Mildessa Quick .	60	251
V	Sauerkraut, Schneekoppe ..	15	63
V	Sauerkrautsaft, 0,2 l	13	54
	Sauerkrauttopf, Russischer, Hipp, Dose	235	978
+	Scampi	80	335
	Scampi gebacken mit Sauce Tatar, 1 Portion .	380	1591
	Scampi mit Remoulade, 1 Portion	300	1256
	Scandinavia-Salat, frisch-fit	75	314
+	Schabefleisch, Kalb	106	444
+	Schabefleisch, Rind	126	527
	Schabziger	210	879
!	Schaf fett	387	1620
	Schaf mager	143	599
	Schaf mittelfett ...	249	1042
	Schafkäse, Kaschkaval	346	1448
	Schafkäse, Pecorino	368	1540
	Schafkäse, Ricotta	396	1658
	Schafmilch (7,2%), 0,25 l ...	280	1172
	Schalotten	45	188
	Schaschlik, 1 Spieß	180	753
	Schaschliksauce, Thomy, 1 EL	23	96
	Schaumrolle, 1 Stück	140	586
	Schaumwein (siehe auch Champagner, Sekt)		

	Schaumwein, Asti Spumante, 0,1 l .	82	343
	Schaumwein, Blanc Foussy Brut, 0,1 l	69	289
	Schaumwein mit Fruchtzucker, Rademann, 0,1 l	56	234
	Schaumwein mit Fruchtzucker, Spezial Gold, 0,1 l	56	234
	Scheibletten (45%), Kraft, 1 Scheibe	64	268
+	Schellfisch	85	356
+	Schellfisch, 200 g Einkauf . .	92	385
+	Schellfisch geräuchert	102	427
+	Schellfisch geräuchert, 200 g Einkauf . .	122	511
	Schichtkäse (20%)	115	481
+	Schichtkäse (10%)	99	414
	Schichtkäse, Sahne-(40%) . . .	162	678
	Schildkröteneier .	109	456
+	Schildkrötenfleisch	80	335
	Schildkrötensuppe, Lady Curzon, 1 Täßchen	150	628
+	Schill	97	406
+	Schill, 200 g Einkauf . .	94	393
	Schillerlocken	323	1352
	Schillerlocke, Gebäck, 1 Stück	140	586
!	Schimmelpilzkäse (50%) . . . . . . i.D.	410	1716
	Schinken gekocht	282	1180
	Schinken gekocht, ohne Fettrand . .	224	938
	Schinken gekocht (Dose)	190	795
	Schinken roh	390	1632
	Schinken roh, ohne Fettrand . .	316	1323
+	Schinken, Truthahn-, gekocht .	126	527
	Schinkenbällchen in Gurkengemüse, Hipp, (Dose) . . .	226	953
	Schinkenbrot, 1 Stück	325	1360
!	Schinken-Käsecreme (60%), 62,5 g	161	674
	Schinkenkrakauer, Hoffart-Vertrieb	125	523
!	Schinkenplockwurst	539	2256
!	Schinkenrotwurst	400	1674
	Schinkenrotwurst, Wiltmann	190	795
	Schinken-Schmelzkäse (45%), 62,5 g	188	787
!	Schinkenspeck . .	666	2788
!	Schlachtplatte mit Sauerkraut, 1 Portion	1500	6279
!	Schlackwurst	405	1695
	Schlag-fit, 1 Beutel	288	1206
	Schlag-fit, Dessertschaum, 1 EL . .	16	67
!	Schlagobers, 1 Portion	140	586
	Schlagobers gesüßt, 1 EL	28	117
	Schlagobers ungesüßt, 1 EL .	15	63
!	Schlagsahne, 1 Portion	140	586
	Schlagsahne gesüßt, 1 EL	28	117
	Schlagsahne ungesüßt, 1 EL .	15	63
	Schlag-Screm . . .	163	688
	Schlag-Screm, 1 EL	16	67
	Schlagschaum, 1 Packung	202	843
	Schlagschaum Dr. Oetker, 1 EL .	16	67
+	Schlanka, Camembert (10%), Mang, 62,5 g . . .	73	306
+	Schleie	85	356
+	Schleie, 500 g Einkauf . .	170	712
	Schlemmerfilet à la Bordelaise, TK, 1 Portion . . .	237	992

	Schlemmerfilet à la Parisienne, TK, 1 Portion ...	420	1758
	Schlemmerfilet Indonesien, TK, 1 Portion ...	292	1222
	Schlemmerfilet Piroschka, TK, 1 Portion ...	258	1080
	Schlemmerfilet Siziliano, TK, 1 Portion ...	164	687
O	Schlosserbuben, 1 Stück	125	523
	Schlüferli, 1 Stück	95	398
!	Schmalz, Gans und Schwein	947	3964
!	Schmalzfleisch (Dose)	535	2239
O!	Schmalzgebäck, 1 Stück	200	837
V	Schmalzsalat	15	63
!	Schmant (24%), 0,1 l	256	1072
!	Schmelzkäse (60%)	354	1482
!	Schmelzkäse (60%), 62,5 g	221	925
	Schmelzkäse (40%)	305	1277
	Schmelzkäse (40%), 62,5 g	191	800
	Schmelzkäse (30%)	196	820
	Schmelzkäse (30%), 62,5 g	123	515
+	Schmelzkäse (20%)	192	804
+	Schmelzkäse (20%), 62,5 g	123	515
+	Schmelzkäse »du darfst«	194	812
	Schmor-Fix, Maggi, 1 Beutel	210	879
	Schnäpse siehe einzelne Sorten		
	Schnecken	82	343
	Schnecken mit Butter, 6 Stück .	250	1074
+	Schnee-Rebhuhn	111	465
	Schnittkäse »du darfst«	275	1151
+	Schnittkäse fettreduziert (20%)	233	975
V	Schnittlauch gehackt, 1 EL ..	2	8
	Schnittlauch, TK, 25 g	14	59
!	Schnittlauch-Käsecreme (60%), 62,5 g ...	180	753
	Schnitzel, Natur-, 1 Portion	230	963
	Schnitzel, Rahm-, mit Spätzle, Migro, TK, 360 g	562	2353
	Schnitzel, Wiener, 1 Portion	285	1193
	Schokogebäck, Sionon, 5 Stück	100	419
O	Schokolade, alle Sorten, 1 Tafel ...... i.D.	560	2344
O	Schokolade gefüllt	395	1653
O	Schokolade, Alpenvollmilch, Nestlé	563	2357
O	Schokolade, Bitter-	551	2306
O	Schokolade, Block-	550	2302
O	Schokolade, Coconut, Nestlé	563	2357
O	Schokolade, Crunch-Vollmilch, Nestlé ...	535	2239
O	Schokolade, Crunch, die Weiße, Nestlé ..	560	2344
O	Schokolade, Diabetiker-, Schneekoppe ..	565	2365
O	Schokolade, Edelbitter-	540	2260
O	Schokolade, Edelbitter-, 1 Kästchen	20	84
O	Schokolade, Erfrischungs- ..	570	2386
O	Schokolade, Erfrischungs-, 1 Kästchen	50	209
O	Schokolade, Fruchtzucker-, Edelbitter, Schneekoppe ..	545	2281

○	Schokolade, Fruchtzucker-, Noisette, Schneekoppe	603	2524
○	Schokolade, Fruchtzucker-, Vollmilch, Schneekoppe	566	2369
○	Schokolade, Halbbitter-	540	2260
○	Schokolade, Halbbitter-, 1 Kästchen	20	84
○	Schokolade, Raspel-	550	2302
○	Schokolade, Ritter Sport-	522	2185
○	Schokolade, Sarotti	563	2357
	Schokolade, Trink-, 1 Tasse	180	753
○	Schokolade, Vollmilch-	563	2357
○	Schokolade, Vollmilch-Nuß-, Diabetiker, Schneekoppe	588	2461
○	Schokolade, weiße, Nestlé	570	2386
	Schokoladen-Fertigpudding, Dr. Oetker, 125 g	126	527
○	Schokoladengebäck, Schneekoppe	506	2118
	Schokoladengetränk, 0,2 l	180	753
	Schokoladenpudding, 1 Portion	280	1172
	Schokoladenpudding, Flana, 1 Portion	163	682
	Schokoladenriegel gefüllt, 1 Stück	60	251
	Schokoladensoße, Dr. Oetker, 2 EL	58	243
!○	Schokoladentorte, B, Kraft, 1 Stück	294	1231
	Schokolinsen	380	1591
	Schokolinsen, 4 Stück	20	84
	Schoko-Rum-Creme, Dr. Oetker, 1 Portion	203	850
○	Schoko-Sahne-Torte, 1 Stück	380	1591
	Schoko-Vita-Brei, 1 Mahlzeit	146	611
○	Schokowafflets, Schneekoppe	530	2218
+	Scholle	83	347
+	Scholle, 500 g Einkauf	230	963
	Scholle in Speck gebraten, 1 Stück	525	2198
+	Schollenfilet, TK	83	347
	Schollenfilet, Dr. Oetker TK, 1 Portion	104	435
	Schorle weiß oder rot, 0,25 l	75	314
	Schüblig	329	1377
	Schwämme siehe einzelne Sorten		
	Schwämme getrocknet, 10 g	27	113
	Schwartenmagen	248	1038
!	Schwarzgeräuchertes fett	360	1507
	Schwarzgeräuchertes mager	264	1105
	Schwarzwälder Kirsch, Danone, 125 g	182	762
	Schwarzwälder Kirschschnitte, 1 Stück	220	921
V	Schwarzwurzeln	74	310
V	Schwarzwurzeln, 1000 g Einkauf	414	1733
	Schwarzwurzeln (Dose)	74	310
	Schwein, Hackepeter	360	1507
	Schwein, Mett	360	1507
!	Schweinebacke	663	2775
!	Schweinebauch	450	1884
	Schweinebraten mager, 1 Scheibe	250	1046

	Schweinebratensoße, Delikateß-, Maggi, 1 EL	7	29
+	Schweinefilet	176	737
	Schweinefleisch, Bug	395	1653
	Schweinefleisch, Bug, 1000 g Einkauf	3437	14387
!	Schweinefleisch, Flomen	902	3776
	Schweinefleisch, Kamm	368	1540
	Schweinefleisch, Kamm, 1000 g Einkauf	3128	13093
	Schweinehaxe, Hinter-	347	1453
	Schweinehaxe, Hinter-, 1000 g Einkauf	2672	11185
	Schweinehaxe, Vorder-	287	1201
	Schweinehaxe, Vorder-, 1000 g Einkauf	1866	7811
+	Schweineherz	122	511
	Schweinehirn	132	553
!	Schweinekopf	527	2206
!	Schweinekopf, 1000 g Einkauf	3426	14341
	Schweinekotelett	358	1499
	Schweinekotelett, 1000 g Einkauf	2860	11972
	Schweinekotelett natur gebraten, 1 Portion	440	1842
	Schweinekotelett paniert gebraten, 1 Portion	570	2386
v	Schweineleber	147	615
	Schweinelunge	106	444
	Schweineniere	125	523
	Schweineschlegel	362	1515
	Schweineschlegel, 1000 g Einkauf	3003	12579
!	Schweineschmalz	947	3964
!	Schweineschmalz, 1 EL	142	594
	Schweineschnitzel	168	703
	Schweineschulter	395	1653
	Schweineschulter, 1000 g Einkauf	3437	14387

	Schweinezunge	240	1005
	Schweinswürstchen, 1 Paar, 70 g	255	1067
+	Schweser	108	452
	Schwyzer Steak Chäslis, TK, 1 Stück	312	1306
	Seeaal geräuchert	182	762
+	Seelachs	88	368
+	Seelachs, 200 g Einkauf	114	477
+	Seelachs geräuchert	108	452
+	Seelachs geräuchert, 200 g Einkauf	177	741
	Seelachs in Öl, abgetropft	162	678
+	Seelachsfilet, TK, 1 Stück	88	368
	Seelachsfilet in Kräuter-Rahm-Sauce, Iglo TK, 1 Portion	197	825
	Seelachsfilet paniert gebraten, 1 Portion	320	1340
+	Seelachssteak, Iglo TK, 1 Stück	74	310
	Seemannsschnitzel, Iglo TK, 1 Stück	164	687
+	Seezunge	90	377
+	Seezunge, 500 g Einkauf	325	1360
	Seezunge »Müllerin«, 1 Portion	590	2470
+	Seezunge, Nordsee-, TK, 1 Stück	215	900
	Seezungenfilets in Weißwein, 1 Portion	390	1633
	Sekt halbtrocken, 0,1 l	80	335
	Sekt süß, 0,1 l	85	356
	Sekt trocken, 0,1 l	75	314
	Sekt, Krim-, halbtrocken, 0,1 l	83	347

	Sekt, Krim-, süß, 0,1 l	95	398
	Sekt Weißlack, Schneekoppe, 0,1 l	78	327
!	Selchspeck	858	3592
	Sellerie (Dose)	31	130
V	Sellerie, Knollen-	38	159
V	Sellerie, Knollen-, 1000 g Einkauf	277	1160
V	Sellerie, Stauden-	21	88
V	Sellerie, Stauden-, 500 g Einkauf	66	276
	Selleriesalat, 1 Portion	150	628
	Selleriesalat, Develey	26	109
	Selleriesalat, frisch-fit	75	314
○	Semmel, 1 Stück	140	586
○	Semmelbrösel	352	1473
○	Semmelbrösel, 1 EL	35	146
	Semmelknödel siehe auch Knödel		
○	Semmelknödel, bayerische, 2 Stück	500	2093
○	Semmelknödel, Tiroler, 2 Stück	560	2344
	Senf scharf, Thomy, 1 TL	10	42
	Senf, Delikateß-, Thomy, 1 TL	7	29
	Senf, Weißwurst-, Thomy, 1 TL	8	33
	Senffrüchte, 1 EL	29	121
	Senfgurken	17	71
	Senfsamen	544	2277
	Serbische Bohnenterrine, Sonnen, ½ Dose	375	1570
!	Sesamsamen, 1 EL	118	494
	Sherry Cream, 5 cl	77	322
	Sherry dry, 5 cl	58	243
	Sherry medium, 5 cl	65	272
	Sherry Tio Pepe Fino, 5 cl	49	205
+	Shrimps	74	310
	Side Car, 0,1 l	130	544
	Slibowitz, 2 cl	60	251
○	Smarties	380	1591
	Sodawasser	0	0
+○	Sojabohnen getrocknet	382	1599
+	Sojabohnen, F, Hensels	133	557
	Sojabohnensprossen	29	121
	Sojabohnensprossen (Dose)	35	146
+	Sojafleisch (TVP) geweicht	100	419
+	Sojaflocken	469	1963
+	Sojaflocken, 1 EL	47	197
+	Sojamehl	469	1963
+	Sojamehl, 1 EL	70	293
+	Sojamehl entfettet	362	1515
+	Sojamehl entfettet, 1 EL	55	230
+	Sojamehl fettarm, Hensels	300	1256
+	Sojamehl fettarm, Hensels, 1 EL	45	188
	Sojasauce, Indonesien, 1 EL	20	84
	Sojasauce, Ostasien, 1 EL	10	42
!	Sonnenblumenkerne	524	2193
	Soße, Maggi, Knorr, zum Braten, 1 EL i.D.	6	25
	Soße, Maggi, Knorr, zu Geflügel, zu Hackbraten, zu Sauerbraten, 1 EL i.D.	8	33
	Soße, Maggi, Knorr, zu Gulasch, zu Schweinebraten, 1 EL i.D.	7	29
○	Spätzle, 1 Portion	200	837
○	Spaghetti roh	390	1632

O	Spaghetti Bolognese, 1 Portion	650	2721
O	Spaghetti mit Fleischklößchen, Sonnen, ½ Dose	336	1406
O	Spaghetti mit Tomatensauce, 1 Portion	550	2302
	Spaghetti mit Tomatensauce, Limmit, F, 1 Mahlzeit	100	419
O	Spaghetti Napoli, Quick Menü Maggi, 1 Portion	445	1863
	Spaghettisauce, Kühne, 8 EL	280	1172
V	Spargel	20	84
V	Spargel, 500 g Einkauf ..	74	310
	Spargel (Dose) ...	19	80
	Spargelsuppe (Beutel), 1 Teller	70	293
	Spargelsuppe (Dose), 1 Teller	130	544
!	Speck durchwachsen .	658	2754
!	Speck fett	858	3592
O	Speisestärke	360	1507
O	Speisestärke, 1 TL	18	75
O	Spekulatius	495	2072
O	Spekulatius, 1 Stück	45	188
	Spiegeleier, 2 Stück, 1 Portion	250	1046
	Spiegeleier auf Speck, 1 Portion	380	1591
	Spinacchi, 1 Portion	120	502
V	Spinat	23	96
V	Spinat, 1000 g Einkauf	221	925
V	Spinat, 1 Portion	160	670
V	Spinat, TK, 1 Portion	35	147
V	Spinat, Blatt-, 1 Portion	120	502
V	Spinat, Rahm-, TK, 1 Portion ...	130	544
V	Spitzkohl	24	100
V	Spitzkohl, 1000 g Einkauf .	193	808
	Springerle, 1 Stück	40	167
	Spritzgebäck, Keks, 1 Stück ...	45	188
O	Spritzkuchen, 1 Stück	200	837
+	Sprotte geräuchert	153	640
	Squash	27	113
V	Stachelbeeren ...	44	184
	Stachelbeerkompott, 1 Portion	250	1047
O	Stärkemehl	360	1507
O	Stärkemehl, 1 TL .	18	75
+	Stangenkäse (10%)	192	804
O	Staubzucker	350	1465
O	Staubzucker, 1 EL	70	293
O	Staubzucker, 1 TL	20	84
V	Staudensellerie ..	21	88
V	Staudensellerie, 500 g Einkauf ..	66	276
	Steaklets Western Art, Iglo TK, 1 Stück	161	674
	Steckrüben, ...	35	147
	Steckrüben, 1000 g Einkauf .	291	1218
+	Steinbeißer geräuchert	135	565
+	Steinbeißer geräuchert, 200 g Einkauf ..	218	913
	Steinbuscherkäse (45%)	361	1511
+	Steinbutt	89	373
+	Steinbutt, 500 g Einkauf ...	205	858
+	Steinpilz	34	142
+	Steinpilz, 500 g Einkauf ..	135	565
+	Steinpilze getrocknet	28	117
+	Steinpilze in Butter geschwenkt, 1 Portion	150	628
	Steinpilzbrühe, Vitam, 1 Teller .	31	130
	Steinpilzsuppe, 1 Teller	60	251

		kcal	kJ
	Stelze	106	444
	Stielmuseintopf, 1 Portion	700	2930
+	Stockfisch	309	1293
+	Stockfisch, 1000 g Einkauf	1981	8292
○	Stollen, 1 Scheibe	264	1105
○	Streuselkuchen, 1 Stück	240	1005
	Streuwürze, 1/2 TL	3	13
○	Striezel, 1 Stück	200	837
○	Studentenfutter, 50 g	240	1005
	Südweine siehe auch einzelne Sorten, 5 cl	i.D. 70	293
	Sülzwurst	322	1348
	Süsette	0	0
	Süssli (Spezialzucker)	197	825
	Süßmilchspeise, Chambourcy, 150 g	160	670
	Süßmost, 0,2 l (siehe auch einzelne Sorten)	i.D. 160	670
	Süßspeisen, Hipp	i.D. 110	461
○	Sugar puffs	385	1612
	Sugo mit Fleisch, 8 EL	360	1507
○	Sukkade	270	1130
○	Sultaninen	280	1172
	Sultaninen, 1 EL	28	117
	Suppen siehe auch einzelne Sorten		
	Suppen gebunden (Beutel), 1 Teller	i.D. 70	293
	Suppen gebunden (Dose), 1 Tasse	i.D. 70	293
	Suppen klar (Dose), 1 Tasse	50	209
	Suppen, kaloarm, 1 Teller	i.D. 40	167
	Suppen, Minikal, 1 Mahlzeit	100	419
	Suppen, Zupavitin, 1 Mahlzeit	100	419
	Suppen-Drink, Grüne Erbsensuppe, Maggi, 1 Tasse	50	209
	Suppen-Drink, Hühnersuppe mit Nudeln, Maggi, 1 Tasse	14	59
	Suppen-Drink, Ochsenschwanzsuppe, Maggi, 1 Tasse	49	205
	Suppen-Drink, Rindfleischsuppe mit Croûtons, Maggi, 1 Tasse	22	92
	Suppen-Drink, Tomatensuppe, Maggi, 1 Tasse	56	234
	Suppengemüse, Dr. Oetker TK	41	172
	Suppengrün, 1 Bund	50	209
	Suppengrün, TK, 50 g	17	71
	Suppenhuhn	274	1147
	Suppenhuhn, 1000 g Einkauf	2000	8372
!	Surhaxn mit Sauerkraut, 1 Portion	850	3558
!	Surspeck	450	1884
	Szegediner Gulasch, 1 Portion	480	2009
	Szegediner Gulasch, F, Hipp (Dose)	243	1017

Alle Angaben ohne Mengen beziehen sich auf 100 g

Rote Zahlen = Kalorienwerte
Schwarze Zahlen = Joulewerte

T

	Tabasco	0	0
	Tafelwasser	0	0
!	Talg, Rinder-	915	3830
V	Tamarillo	50	209
	Tamarinde	304	1273
V	Tangerinen	54	226
V	Tangerinen, 500 g Einkauf	195	816
O	Tapioka	342	1432
O	Tapioka, 1 EL	51	213
	Tapioka-Julienne-Suppe, Maggi, 1 Teller	50	209
+	Tatar	126	527
	Tatar angemacht, 1 Portion i.D.	260	1088
!	Tartare, Käse	391	1637
+	Taube	102	427
	Taube gefüllt, 1 Stück	320	1340
	Tee	0	0
	Tee mit Kandis, 1 Tasse	20	84
	Tee mit 1 EL Milch, 1 Tasse	10	42
	Tee mit 1 TL Zitrone, 1 Tasse	2	8
	Tee mit 1 TL Zucker, 1 Tasse	19	79
	Tee (Würfel), Hagebutte, Pfefferminz, Schneekoppe, 1 Tasse	22	92
	Teegrog, 0,2 l	240	1005
	Teelikör, 2 cl	52	218
	Teepunsch, 0,2 l	240	1005
!	Teewurst	540	2260
!	Teewurst, Geflügel-	405	1695
!	Teewurst, Rügenwalder	482	2018
	Teigtasche salzig, B, Gervais, 1 Stück	103	431
	Teigtasche süß, B, Gervais, 1 Stück	105	440
O	Teigwaren, Beilage, 60 g	234	980
O	Teigwaren, Hauptgericht, 100 g	390	1633
	Tequila, 2 cl	48	201
	Thon in Öl, Migro, abgetropft	242	1013
	Thousand-Islands-Dressing, 1 EL	25	105
!	Thüringer Blutwurst	425	1779
	Thüringer Rotwurst, Rademann	170	712
+	Thunfisch frisch	148	620
	Thunfisch in Öl	304	1273
	Thunfisch in Öl, abgetropft	250	1047
	Thunfischsalat, 1 Portion	300	1256
	Thymian	0	0
	Tiefkühlgebäck siehe einzelne Sorten		
O	Tiefseehummer, TK	80	335
!	Tilsiter (49%)	387	1620
	Tilsiter (45%)	374	1566
	Tilsiter (30%)	297	1243
+	Tilsiter (20%)	253	1059
	Tilsiter-Scheibletten, Kraft, 1 Stück	64	268
+	Tintenfisch i.D.	110	460
+	Tintenfisch fritiert, 200 g	250	1046
	Tiroler Cake, Migro, 1 Scheibe	123	515
	Tiroler Knödelsuppe, Maggi, 1 Teller	70	293
	Tiroler Krautsalat, Hengstenberg	39	163
	Toast-Scheibletten, Kraft, 1 Stück	64	268
	Toffee, 1 Stück	25	105
V	Tofu	100	419
V	Tomate	19	79
	Tomaten(Dose)	21	88
	Tomatenketchup, 1 EL	25	105

	Tomatenmark, 1 EL	28	117
	Tomatenpaprika (Glas)	36	151
V	Tomatensaft, Chita, 0,2 l	40	167
	Tomatensalat, 1 Portion	130	544
	Tomatensauce gebunden, 1 EL	10	42
	Tomatensoße, Delikateß-, Maggi, 1 EL	10	42
	Tomatenspread, Vitam, 1 EL	25	105
	Tomatensuppe (Beutel), 1 Teller	65	272
	Tomatensuppe (Dose), 1 Tasse	90	377
	Tomatensuppe, Suppen-Drink, Maggi, 1 Tasse	56	234
	Tom Collins, 0,1 l	125	523
	Tonic Water, Schweppes, 0,2 l	64	268
	Tonic Water slimline, Schweppes, 0,2 l	1	4
	Topfen (40%)	179	749
	Topfen (40%), 1 EL	54	226
	Topfen (20%)	124	519
	Topfen (20%), 1 EL	37	155
+	Topfen (10%)	106	444
+	Topfen (10%), 1 EL	31	130
+	Topfen mager	88	368
+	Topfen mager, 1 EL	27	113
	Topfen-Palatschinken, 1 Stück	295	1235
	Topinambur	74	310
	Torfbeeren	48	201
	Torfbeeren, 500 g Einkauf	221	925
	Torten siehe auch einzelne Sorten		
O	Torte Sacher Art, B, Dr. Oetker, 1 Stück	333	1394
	Tortelett, 1 Stück	125	523
O	Tortenböden, Wiener, Dr. Oetker, für 1 Torte	1420	5944
!	Tortencreme, Kraft, als Dessert, 1 Portion	200	837
!	Tortencreme, Kraft, für 1 Torte	1160	4856
!	Tortencreme, Dr. Oetker, für 1 Torte	2798	11712
O	Tortenguß mit Zucker, für 1 Torte	200	837
O	Tortenhilfe, Dr. Oetker, 1 Packung	881	3688
	Traganth, 10 g	3	13
	Trappistenkäse (40%)	385	1612
+	Trappistenkäse (20%)	265	1109
	Trauben-Apfel-Trunk, Reino, 0,2 l	104	435
O V	Traubensaft frisch gepreßt, 0,2 l	132	553
O V	Traubensaft rot, 0,2 l	148	619
O V	Traubensaft rot, Donath, 0,2 l	158	661
O V	Traubensaft weiß, 0,2 l	134	561
O V	Traubensaft weiß, Donath, 0,2 l	144	603
O V	Traubensaft, Meraner Kur-, Schneekoppe, 0,2 l	132	553
O	Traubenzucker, 1 EL	40	167
O	Traubenzucker, 1 Täfelchen	25	105
	Treets, 1 Tüte	230	963
	Treets, 5 Stück	60	251

	Trinkbranntwein, 2 cl	40	167
	Trinkbrühe, Gemüse-, Vitam, 1 Teller	23	96
	Trinkbrühe, Klare Hefe-, Vitam, 1 Teller	32	134
	Trinkbrühe, Steinpilz-, Vitam, 1 Teller	31	130
	Trinkmilch (3,5 %), 0,25 l	160	670
	Trinkschokolade, 1 Tasse	180	753
	Triple Sec, 2 cl	55	230
	Tri Top trinkfertig, 0,2 l	80	335
!	Trockenei	613	2566
	Trockeneigelb	714	2989
+	Trockeneiweiß	379	1586
	Trockenhefe	214	896
	Trockenhefe, 7 g	26	109
	Trockenkartoffeln	360	1507
	Trockenmagermilch, 90 g Pulver (= 1 l)	331	1386
	Trockenvollmilch, 125 g Pulver (= 1 l)	629	2632
	Trockenobst siehe einzelne Sorten		
+	Trockenrogen	118	494
+	Trüffel (Pilz)	56	234
O	Trüffel-Konfekt, 1 Stück	70	293
+	Truthahn (siehe auch Puter)	175	733
+	Truthahn, 1000 g Einkauf	1277	5346
+	Truthahn in Champignon-Aspik, Schloß Stetten	74	310
	Truthahn-Bratenrolle, Schloß Stetten	139	582
+	Truthahnbrüste, Schloß Stetten	114	477
	Truthahnbrust gefüllt, Schloß Stetten	196	820
+	Truthahnbrust geräuchert	123	515
	Truthahn-Hackbraten, Schloß Stetten	153	640
	Truthahn-Rollbraten, Schloß Stetten	147	615
	Truthahnschnitzel paniert, Schloß Stetten	183	766
O	Türkischer Honig	385	1612
O!	Türkischer Honig mit Nüssen	445	1863
V	Tundra-Fruchtsaft, Dr. Steinberger, 0,2 l	24	100
+	TVP Textured Vegetable Proteine, geweicht	100	419

U

	Überguß	560	2344
V	Ugli (Grapefruitart)	32	134
	Underberg, 2,5 cl	85	526
	Ungarisch Gulasch, 1 Portion	550	2302
	Ungarisch Gulasch, TK, 1 Portion	284	1189

V

V	V 8, 0,1 l	39	163
!	Vacherin, Freiburger (50 %)	365	1528
	Vanillekipferl, 1 Stück	25	105
	Vanillepudding 1 Portion	150	628
	Vanillesauce, 1 EL	12	50
O	Vanillezucker, 1 Päckchen	39	163
+	Vegetabile Brotaufstriche, 25g, i.D.	60	604

+	Vegetarische Frikadellen, 1 Dose, 200 g	350	1465
+	Vegetarische Spießchen, Tartex, ½ Dose, 200 g	380	1590
+	Vegetarisches Frikassee, Tartex, 1 Dose, 200 g	180	750
+	Vegetarisches Sojagulasch, Tartex, 1 Dose, 200 g	320	1340
+	Vegetarisches Sugo, Tartex, 1 Dose, 200 g	230	960
	Velemint mit Zucker, 5 Stück	40	167
	Velemint ohne Zucker, 5 Stück	37	155
	Velveta (45%), 62,5 g	194	812
	Velveta (30%), 62,5 g	144	603
+	Velveta (20%), 62,5 g	125	524
!	Velveta Gold (60%), 62,5 g	234	979
	Velveta Kräuter (45%), 62,5 g	194	812
	Verlorene Eier, 1 Portion	225	942
	Vinaigrette, 1 Portion	155	649
!	Vitagen, Diät-Speisefett	930	3893
!	Vitagen, Diät-Speisefett, 1 EL	140	586
V	Vital-Extrakt, Schneekoppe, 1 Portion	60	251
	Vitam-Cremesuppe, 1 Tasse	35	146
V	Vitam-R-Hefe-Extrakt	180	753
V	Vitam-R-Hefe-Extrakt, 1 EL	18	75
V	Vitam-R-D, salzloser Hefe-Extrakt, 1 EL	18	75
V	Vitamin-Sirup, Vitalis, 1 EL	39	165
	Vitaquell	740	3098
	Vitaquell Halbkalorie	370	1549
V	Vitasan, 1 EL	18	75
	Vivil mit Zucker, 5 Stück	10	42
	Vivil ohne Zucker, 5 Stück	9	38
V	Vogerlsalat	22	92
○	Vollkornkeks, Orvita-, Bahlsen, 1 Stück	25	105
!	Vollrahm (35%), 0,1 l	330	1381
	Vollrahm (35%), 1 EL	43	179
	Vollweizengel, Dr. Kousa, 200 g	800	3349

W

	Wacholderschnaps, 2 cl	42	176
+	Wachteln	103	431
	Wackelpeter, 1 Portion	80	335
○	Waffeln, 1 Herz	90	377
	Waffel, Minikal, 1 Stück	25	105
○	Waffeln, Diät- i.D.	530	2219
	Waffelröllchen, Sionon, 1 Stück	25	105
	Waffeltüte, Eis-, 1 Stück	40	167
	Waldmeister, Götterspeise, Dr. Oetker, 125 g	80	335
!	Waldorfsalat, 1 Portion	360	1507
+	Walfleisch	114	477
+	Waller	89	373
+	Waller, 200 g Einkauf	107	448
	Walliser Raclette-Käse, (52%)	401	1679
!	Walnüsse	705	2951

!	Walnüsse mit Schale, 500 g Einkauf ..	1516	6346
!	Walnüsse, 8 Kerne	105	439
	Walnüsse karamelisiert....	456	1909
!	Wammerl	611	2558
	Wasserkastanien (Dose)	75	314
	Wassermelone ...	24	100
!	Wassermelonenkerne	580	2428
	Weggli, 1 Stück ...	133	557
V	Weichseln	60	251
V	Weichseln, 500 g Einkauf ..	266	1113
	Weichseln (Dose)	70	293
○	Weichselkonfitüre	265	1109
	Weichselkonfitüre, kalo-arm	130	544
	Wein siehe Diabetikerwein, Dessertwein, Roséwein, Rotwein, Weißwein		
+	Weinbergschnecken	82	343
	Weinbergschnecken mit Butter, 6 Stück	250	1047
	Weinbrand, 2 cl ...	44	184
○	Weinbrandbohne, 1 Stück	50	209
○	Weinbrandkirsche, 1 Stück	60	251
	Weincremedessert, Rotwein, Dr. Oetker, 1 Portion	207	867
	Weincremedessert, Weißwein, Dr. Oetker, 1 Portion	127	532
	Weinessig	0	0
○	Weingummi, 5 Stück	70	293
V	Weinkraut, Mildessa	18	75
	Weinschorle, rot oder weiß, 0,25 l	75	314
	Weintrauben	74	310
	Weintrauben, 500 g Einkauf ..	346	1447
	Weiße Grundsauce, 1 Portion	160	670
V	Weiße Rüben	35	147
V	Weiße Rüben, 1000 g Einkauf .	228	954
	Weiße Soße, Knorr, 1 EL	7	29
V	Weißkraut	25	105
V	Weißkraut, 1000 g Einkauf .	193	808
	Weißlacker (45%) .	362	1515
	Weißwein deutsch, Baden, Riesling, 0,25 l	152	636
	Weißwein deutsch, Baden, Ruländer, 0,25 l	196	820
	Weißwein deutsch, Baden, Weißburgunder, 0,25 l ..	194	812
	Weißwein deutsch, Beerenauslese, 0,25 l .... i.D.	233	976
	Weißwein deutsch, Eiswein, 0,25 l ..	320	1340
	Weißwein deutsch, Franken, Müller-Thurgau, 0,25 l .	152	636
	Weißwein deutsch, Franken, Perle, 0,25 l	168	703
	Weißwein deutsch, Franken, Silvaner, 0,25 l	155	649
	Weißwein deutsch, Mittelrhein, Riesling trocken, 0,25 l ..	142	594
	Weißwein deutsch, Mosel-Saar-Ruwer, Riesling Auslese, 0,25 l ..	183	766
	Weißwein deutsch, Mosel-Saar-Ruwer, Riesling Kabinett, 0,25 l	156	653
	Weißwein deutsch, Mosel-Saar-Ruwer, Riesling trocken, 0,25 l	125	523

Weißwein deutsch, Nahe, Riesling Spätlese, 0,25 l	188	787
Weißwein deutsch, Rheingau, Riesling, 0,25 l	170	712
Weißwein deutsch, Rheingau, Riesling Beerenauslese, 0,25 l	241	1009
Weißwein deutsch, Rheinhessen, Riesling Auslese, 0,25 l ..	240	1005
Weißwein deutsch, Rheinhessen, Riesling Kabinett, 0,25 l	188	787
Weißwein deutsch, Rheinhessen, Riesling trocken, 0,25 l ..	134	561
Weißwein deutsch, Rheinhessen, Scheurebe, 0,25 l	170	712
Weißwein deutsch, Rheinhessen, Silvaner, 0,25 l .	167	699
Weißwein deutsch, Rheinpfalz, Müller-Thurgau trocken, 0,25 l ..	135	565
Weißwein deutsch, Rheinpfalz, Riesling, 0,25 l	189	791
Weißwein deutsch, Rheinpfalz, Silvaner, 0,25 l	188	787
Weißwein deutsch, Trockenbeerenauslese, 0,25 l i.D.	316	1323
Weißwein deutsch, Württemberg, Traminer, 0,25 l	169	707
Weißwein französisch, Chablis, 0,25 l ..	167	699
Weißwein französisch, Elsaß, Edelzwicker, 0,25 l ..	150	628
Weißwein französisch, Elsaß, Gewürztraminer, 0,25 l .	175	733
Weißwein französisch, Elsaß, Gewürztraminer Grand Cru, 0,25 l	210	879
Weißwein französisch, Elsaß, Riesling, 0,25 l	168	703
Weißwein französisch, Sancerre, 0,25 l	164	687
Weißwein französisch, Sauternes, 0,25 l	200	838
Weißwein österreichisch, Grüner Veltliner, 0,25 l	154	645
Weißwein österreichisch, Gumpoldskirchner, 0,25 l .	220	921
Weißwein österreichisch, Morillon, 0,25 l	174	728
Weißwein österreichisch, Ruster Trockenbeerenauslese, 0,25 l	316	1323
Weißwein österreichisch, Welschriesling Spätlese, 0,25 l .	188	787
Weißwein Schweiz, Aigle, 0,25 l	160	670
Weißwein Schweiz, Dézaley, 0,25 l ..	158	661
Weißwein Schweiz, Fendant, 0,25 l .	167	699
Weißwein Schweiz, Johannisberg, 0,25 l	174	728
Weißwein ungarisch, Tokaji Aszù, 3-buttig, 0,25 l ..	312	1306

	Weißwein ungarisch, Tokaji Aszù, 4-buttig, 0,25 l	426	1783
	Weißwein, Schneekoppe, 0,25 l	156	653
!	Weißwurst, 1 Stück	150	628
V ○!	Weizen, ganzes Korn	363	1519
V	Weizendiät, Dr. Ritters	380	1591
○	Weizenflocken	350	1465
○	Weizenflocken, 1 EL	26	109
	Weizengel, Milupa, 1 Kurtag	800	3348
	Weizengel, Voll-, Dr. Kousa, 200 g	800	3348
○	Weizengrieß	370	1549
V ○	Weizenkeime, Dr. Ritters	360	1507
V ○	Weizenkeime, Dr. Ritters, 1 EL	36	151
	Weizenkleie, Dr. Kousa	153	640
	Weizenkleie, Dr. Kousa, 1 EL	5	21
V ○	Weizenschrot	344	1440
○	Weizenstärke	369	1545
	Weizenstärke, 1 EL	55	230
	Welsh rarebits, 1 Portion	320	1340
	Wermut süß, 5 cl	85	356
	Wermut trocken, 5 cl	57	239
	Whiskey, Bourbon, 4 cl	115	481
	Whiskey, Irish, 4 cl	115	481
	Whiskey, Rye, 4 cl	115	481
	Whisky, Scotch, 4 cl	100	419
	Whisky Sour	160	670
	White Lady, 0,1 l	190	795
	Wiener Becher, Chambourcy, 125 g	160	670
	Wiener Schnitzel, 1 Portion	285	1193
○	Wiener Torte nach Sacher Art, B. Kraft, 1 Stück	362	1515
	Wiener Würstchen, 1 Paar	185	774
	Wild siehe einzelne Tierarten		
	Wildbret mit Spätzle, Hipp (Dose)	292	1222
+	Wildente	124	519
+	Wildgans	124	519
+	Wildgeflügel i.D.	111	465
	Wildgulasch, Dr. Oetker TK, 1 Portion	250	1047
	Wild-Kraftbrühe, kalo-arm, Lacroix, 1 Täßchen	25	105
	Wild-Rahmsuppe, Jensen's, 1 Tasse	60	251
+	Wildschwein	113	473
+	Wildschwein, 1000 g Einkauf	883	3696
!	Wilstermarschkäse (50%)	387	1620
	Windbeutel mit Sahne, 1 Stück	220	921
	Wirsing	33	138
	Wirsing, 1000 g Einkauf	238	996
	Wirsingeintopf, 1 Portion	745	3119
	Wirsinggemüse, 1 Portion	165	691
	Wodka, 2 cl	45	188
V	Wollmispel	95	398
	Wollwurst	290	1214
	Worcestershiresauce	0	0
○	Wuchtel, 1 Stück	300	1256
	Würstchen siehe auch einzelne Sorten		
	Würstchen (Dose)	239	1000
	Würstchen (Dose), »du darfst«	175	733
	Würstchen, Dosen-, Wiltmann, 1 Stück	80	335

	Würstchen, Geflügel-	247	1034
	Würz-Flüssige, Maggi, 4 Spritzer .	1	4
	Würz-Hacksteak, Iglo TK, 1 Stück .	334	1398
	Würzmischung 1–5, Maggi, ½ TL	2	8
	Wurst siehe einzelne Sorten		
	Wurstbrät, Kalb ..	343	1436
	Wurstbrät, Schwein	364	1524
!	Wurstsalat, 1 Portion	400	1674
	Wurstsalat, Bayerischer, Homann, 1 Becher, 125 g .	150	628
V	Wurzeln	35	147
V	Wurzeln, 1000 g Einkauf .	289	1210
	Wurzelwerk	25	105

X

V	Xuxudo-Cashewsaft, 0,2 l	112	469
	Xylit, 10 g	40	167

Y

○	Yamsmehl	317	1327
	Yamswurzel (Dose)	140	586
	Yowita, Migro, 1 Becher, 180 g .	110	460

Z

+	Zander	94	393
+	Zander, 200 g Einkauf ..	97	406
V	Zapotefrucht	133	557
	Ziege	161	674
	Ziege, 1000 g Einkauf	1304	5458
!	Ziegenkäse	390	1633
+	Ziegenlamm	127	532
+	Ziegenlamm, 1000 g Einkauf .	1001	4190
	Ziegenmilch, 0,25 l	250	1047
V	Zigan-Paprikasaft, 0,1 l	30	126
	Zigeunerklößchen, Dr. Oetker TK, 1 Portion	430	1800
	Zigeunersauce, Kraft, 1 EL	21	88
	Zigeunersauce, Thomy, 1 EL	20	84
○	Zimtstern, 1 Stück	60	251
	Zirbengeist, 2 cl	42	176
	Zitronat	270	1130
	Zitrone-Erfrischungsgetränk, deit, 0,2 l	14	59
	Zitronencreme, Gervais, 1 Becher	125	523
	Zitronenessig, 1 EL	1	4
○	Zitronengelee	312	1306
	Zitronenkuchen, B, Kraft, 1 Stück	163	682
	Zitronenpudding, Lünebest	107	448
V	Zitronensaft, 1 EL	4	17
V	Zitronensaft, 1 TL	1	4
V	Zitronensaft gesüßt, TK, 0,1 l .	40	167

	Zitronensirup, Tevio, 1 EL	3	13
	Zitronenwasser (1 EL Zucker), 0,2 l	95	398
	Zucchini	11	46
	Zucchini, 500 g Einkauf	38	159
	Zucchinigemüse, 1 Portion	70	293
O	Zucker	394	1649
O	Zucker, 1 EL	79	331
O	Zucker, 1 TL	26	109
O	Zucker, brauner ..	382	1599
O	Zucker, Diabetiker-	390	1632
	Zucker, Diabetiker-, 1 EL	65	272
O	Zucker, Diät-, Sionon	366	1532
O	Zucker, Puder- ...	350	1465
O	Zucker, Puder-, 1 EL	70	293
	Zucker, Puder-, 1 TL	20	84
	Zucker, Würfel-, 1 Stück	16	67
	Zucker mit Saccharin, Edeka	200	837
	Zuckeraustauschstoff	400	1674
	Zuckergurken	112	469
O	Zuckerl, 1 Stück ..	20	84
	Zuckermais	40	167
	Zuckermelone ...	26	109
	Zürcher Kalbsgeschnetzeltes mit Rösti, 1 Portion	490	2051
	Zukrinet	0	0
	Zunge in Madeira, 1 Portion	360	1507
	Zunge, geräuchert, Aufschnitt	385	1612
	Zunge, Kalbs-	106	444
	Zunge, Rinder- ...	223	933
	Zunge, Schweine-	240	1005
!	Zungenwurst	380	1591
	Zungenwurst, Redlefsen	287	1201
!	Zungenwurst, westfälische, Herta	353	1478
	Zupavitin (Suppenform), 1 Mahlzeit	100	419
V	Zwetschgen (Zwetschken) ..	62	260
V	Zwetschgen, 500 g Einkauf ..	249	1042
	Zwetschgenbranntwein, 2 cl	60	251
	Zwetschgenknödel, 1 Stück	225	942
	Zwetschgenknödel, Dr. Oetker TK, 1 Stück	125	523
	Zwetschgenröster	88	368
	Zwetschgenwasser, 2 cl	60	251
O	Zwieback	400	1674
O	Zwieback, 1 Stück	40	167
OV	Zwieback, Vollkorn-	434	181
OV	Zwieback, Weizenschrot- .	420	178
OV	Zwieback, Weizenschrot-, 1 Stück	42	17
	Zwiebel	45	18
	Zwiebel, 1 Stück ..	20	8
	Zwiebel, Röst-, Thomy, 1 Beutel	190	79
	Zwiebel, Röst-, Thomy, 1 TL	20	8
	Zwiebelkuchen, badischer, 1 Stück	150	62
	Zwiebelrohr, grünes	38	15
	Zwiebelsauce, Hengstenberg ..	205	85
	Zwiebelsuppe, französische, 1 Tasse	180	75
	Zwiebelsuppe, Maggi, 1 Tasse .	47	19
!	Zwiebelwurst gekocht, Herta .	473	198